JN122413

北海道　菜園レシピ

範國有紀
［写真］保苅徹也

北海道新聞社

いつか、キッチンの窓から田んぼの見える家に住み、小さな菜園を耕し、そこでとれた野菜などを料理しながら暮らしてみたいというのが私たちの夢でした。

8年ほど前、札幌の中心部から車で40分ほどの隣まちに、運良くそのような場所を見つけて移り住むことができ、菜園を楽しむあたらしい暮らしが始まりました。毎年の試行錯誤を繰り返しながら、わが家の畑とレシピが少しずつ出来上がっていきました。

近年、自宅の庭や家庭菜園で野菜作りを楽しむ人が増えました。一方で、収穫時期には毎日同じ野菜が採れるので飽きてしまう、料理のバリエーションが少ない、食べきれずに困った、などという声も聞かれます。

この本では、家庭菜園で採れた野菜や果実、ハーブなどの楽しみ方や保存方法などを季節を追って紹介します。畑を担当する夫でカメラマンの保苅が、わが家で実践している栽培方法や収穫のコツをまとめました。

新鮮でおいしい素材は、それほど手をかけなくても、むしろ手をかけすぎない方がおいしくいただけるような気がします。とりたての旬の野菜をシンプルに味わう。移ろいゆく季節を楽しむ。手軽にできて、何度でも食べたくなる、そしてたまにはちょっと手の込んだご馳走も。野菜をおいしくもりもり食べられる、そんなレシピを集めました。

あたらしい暮らしにあたらしいレシピをどうぞ。

4月28日　AM5：54　耕したばかりの春の畑

目次

春から夏

レシピに掲載した調味料などの分量表示は以下の通りです。 1カップ=200㎖　大さじ1=15㎖　小さじ1=5㎖

アスパラガス

にら

レタス

かぶ

ベリー

夏から秋

トマト

ズッキーニ

きゅうり

いんげん

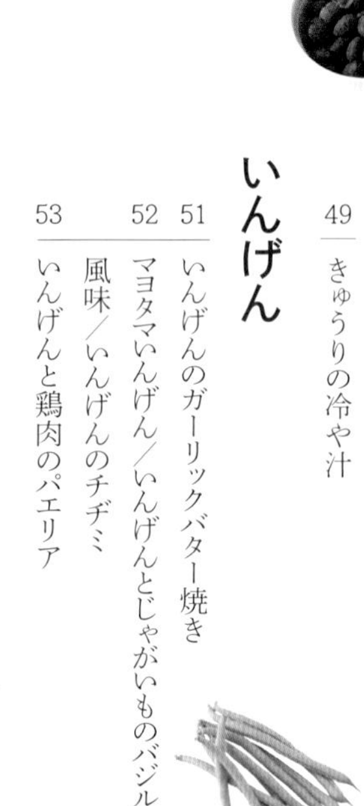

なす

ピーマン

とうもろこし

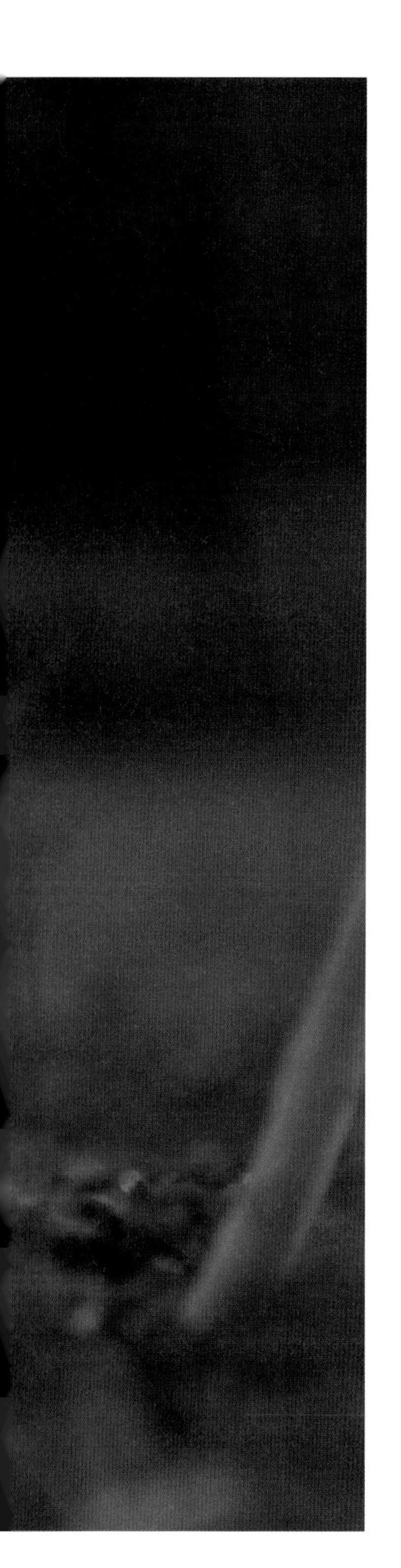

春から夏

畑の季節の始まり

雪解けがすすんだ田んぼに、今年もハクチョウがやってきた。春先の青空に大きな声で鳴きながら飛ぶ真っ白な姿はとても晴れやかで、しみじみと春の訪れを感じる。

早朝、起きて身支度をととのえ、畑に出る。冬の間は静まり返っていたのがうそのように、風のざわめきや鳥の声、朝早くからの近所の農作業の音などでとてもにぎやかだ。

春一番にニョキニョキと顔を出しはじめたアスパラを収穫する。小さな畑だが、ものの10分もかからずに50本ほども採れる。

切り口から水がしたたるほどに鮮度は抜群。さっそく朝ごはんにいただく。まずはサッとゆでてそのまま食べたり、おひたしやおみそ汁の具にしたりとシンプルに。そのおいしさに思わず顔がほころぶ。

「今年もアスパラの季節がきたね。カッコウももう鳴くかな」。朝食の家族の会話もはずむ。いよいよ本格的な畑のシーズンの始まりです。

4月7日　春、まだ畑には雪が残っている

4月9日　周りの畑では畑起こしが始まっています

5月23日　この時期になるとアスパラは毎朝収穫する

春から夏

カメラ、ときどき畑

1 4月9日
前の年に植えていたにんじんを掘り出します

2 4月25日
芽吹いたふきのとうを採って、いただきます

3 4月28日
アスパラの芽が出てきた

4 4月28日
畑を耕しました

5 5月5日
大雪で倒れた木を切る

6 5月7日
アスパラ初収穫。桜が咲きました

7 5月12日
ギョウジャニンニクの収穫

8 5月15日
玉ねぎ定植、じゃがいも植えつけ

9 5月16日
畑にマルチを張って地温を高める

10 5月23日
この時期になるとアスパラは毎朝収穫します

11 5月23日
にらの収穫

12 5月30日
この頃から苗の定植、タネ植えを始めます
•5月29日 ズッキーニ、とうもろこし、さつまいも定植
•5月30日 ヤーコン、トマト、なす、きゅうり、かぼちゃ定植

•5月31日 ピーマン、ししとう、唐辛子、しそ定植、大根、にんじん、枝豆、かぶ播種

13 5月30日
ブクブク植え。苗にしっかり水を含ませ植えつける

14 6月4日
お友達とアスパラ収穫、BBQで焼いて食べる
ひまわりなど播種

15 6月10日
白花豆の播種

16 6月15日
例年より気温が上がらず生育が悪い

17 6月15日
アスパラの支柱立て

18 6月16日
まとまった雨が降った

19 6月19日
白花豆が芽を出した

20 6月19日
きゅうりが寒さで枯れたので苗を植え替える

21 6月19日
長ねぎ定植

22 6月25日
やっと暖かくなってきた

23 7月1日
レタスが食べごろ

24 7月4日
ズッキーニの花合わせ（受粉）と収穫

アスパラガス

春の畑で真っ先に収穫期を迎えるアスパラガスは、一度植えると10年くらいは収穫できる「永年作物」です。採れたての新鮮な味は最高のぜいたく。家庭菜園にぜひおすすめの野菜です。

わが家の畑ごよみ

月	収穫
3月	
4月	
5月	■
6月	■
7月	
8月	
9月	
10月	
11月	

栽培メモ

5月初め、雪解けの固い土を押しのけてアスパラが顔を出しはじめます。それから一気に成長が進み、約1カ月はノンストップで収穫できます。アスパラは夜の間に栄養を蓄え、日光を浴びて生長します。早朝の収穫が一番おいしいので、連日早起きの日々が続きます。

倒れないように支柱を立てた畑

春の収穫後に堆肥と肥料を施します。収穫後は人の背丈ほどに伸びるので、倒れないように支柱を立て、ひもや針金で囲います。春から秋まで光合成を行って根にたくさんの栄養をためると、翌年たくさんの芽を出してくれます。雑草はこまめに取り除き、適切な施肥に気をつけて栽培します。

食べごろ

アスパラは土から出てすぐは紫がかった色をしていますが、日に当たるときれいな緑色になります。生長が早く1日に何cmも伸び、すぐに収穫の時を迎えます。長さが27〜30cm、穂先が開いていないものがちょうど食べごろ。わが家のアスパラ畑は25㎡ほどですが、毎朝1kg、多いときは2kg、50〜100本ほど収穫しています。

穂先が開いたアスパラ（右）

保存方法

アスパラは鮮度が命、朝採りをその日に食べるのが一番です。すぐ食べるものはグラスなどに水を入れて立てて、冷蔵庫で保存します。すぐ食べないものやおすそ分けするものは、長さと太さをだいたいそろえ、根元を濡らした厚手のペーパータオルで巻き、ラップで包んでさらに全体を新聞紙などに包み冷蔵庫に立てて保存します。アスパラは横にすると上に伸びようとして穂先が上向きに生長し、余分な栄養分を使ってしまうので、野菜室やドリンク入れなど高さが確保できる場所に立てて置きましょう。テープなどに収穫日とサイズを書いて貼っておくと目安になり便利です。

濡らしたペーパータオルとラップで包み、立てて冷蔵庫へ

下処理

根元の固い部分を切り落とし、はかまを除いて根元の皮をむくとよりおいしくいただけます。はかまは穂先の1cmくらい下まで、根元の皮は長さの1/3程度むくとよいでしょう。ペティナイフなどの小さな包丁やピーラーを使うと簡単にできます。少し手間はかかりますが、手をかけただけ料理がおいしく仕上がります。

アスパラの塩お浸し

アスパラのおいしさがよく味わえる一品です。
食べる際にかつお節を添えてしょうゆをかけたり、ごま油やラー油をたらしたりといろいろ楽しめます。
すぐにでも食べられますが、冷蔵庫でよく冷やすとよりおいしくいただけます。

材料（2人分）

アスパラ	12～16本
だし汁	400mℓ
塩	小さじ1/2

下処理をする

熱湯で色よくゆでる

ザルに上げて水洗いする

下ごしらえ・準備

アスパラは下処理をしておく（P10）。

作り方

① アスパラは適当な長さに切り、塩少々（分量外）を加えた熱湯で2分ほどゆで、ザルにあげてから水洗いする。
② 温かいだし汁に塩を加えて調味しておく。
③ ②によく水気を拭いた①を入れて味をなじませる。

アスパラの昆布〆

アスパラと昆布のうまみが
なんとも言えない一品です。
ぜひおいしい昆布を使って
作ってみてください。仕上がりが違います。
使った昆布は煮物や佃煮として食べられます。

材料（2人分）

アスパラ　8～12本
塩　少々
昆布　適量

下ごしらえ・準備

アスパラは下処理をしておく（P10）。

作り方

① アスパラは適当な長さに切り、塩少々（分量外）を加えた熱湯で2分ほどゆで、ザルにあげてから水洗いする。
② 昆布は濡れ布巾でさっと拭いておく。
③ ②によく水気を拭いた①をのせてさっと塩をし、さらに昆布をのせてラップに包んで冷蔵庫で1～2日おく。
味をみて好みの加減になっていたら食べごろです。

アスパラの辛子風味

アスパラはゆですぎると食感が損なわれますので、
太さを見てゆで時間を調節しましょう。
辛子の量はお好みに応じて調節してください。

材料（2人分）

アスパラ　8本
カニかまぼこ　2本
白だし　大さじ2
練り辛子　小さじ1/3

下ごしらえ・準備

アスパラは下処理をしておく（P10）。

作り方

① アスパラは長さを4～5等分に切り、塩少々（分量外）を加えた湯で2分ほどゆでる。
② ゆで上がったらザルにあげて水洗いし、よく水気を拭く。
③ ボウルに白だしと練り辛子を入れてよく混ぜ合わせ、長さを半分に切って、手でさいたカニかまぼこ、②を加えてよく和える。

アスパラとにんじんのごま和え

アスパラに甘めのごま和えの衣がからんでおいしい。
仕上がりが水っぽくならないようにしっかり水気を拭きましょう。

材料（2人分）

アスパラ　8本
にんじん　1/3本

合わせ調味料A
すりごま（白）　大さじ2
めんつゆ（3倍濃縮タイプ）　大さじ1
砂糖　大さじ1/2

下ごしらえ・準備

アスパラは下処理をしておく（P10）。

作り方

① アスパラは長さを4等分に切る。
② にんじんは皮をむいて拍子木切りにする。
③ 鍋に②と水、塩少々（分量外）を入れて加熱し、柔らかくなったら①を加えてさらに2分ほどゆで、ザルにあげて水洗いする。
④ ボウルにAを入れてよく混ぜ合わせ、よく水気を拭いた③を加えて和える。

アスパラとサクラマスのフリカッセ

北海道の春から初夏の味覚といえばアスパラとサクラマス。間違いのない組み合わせです。
牛乳と生クリームを加えたら火を弱め、少しとろみがつくまで煮込むのがおいしく仕上げるコツです。

材料（2人分）

アスパラ	6〜8本
玉ねぎ	1/2個
サクラマス（生、切り身）	2切れ
塩、こしょう	各少々
小麦粉	小さじ2
バター	20g
牛乳、生クリーム	各100㎖
塩、こしょう	各少々

下ごしらえ・準備

アスパラは下処理をしておく（P10）。

作り方

① アスパラは1本を4〜5等分の斜め切りにし、玉ねぎは櫛(くし)形に切る。
② サクラマスは大きめの一口大に切り、塩、こしょうしてから小麦粉をまぶしておく。
③ 鍋にバター半量（10g）を入れて加熱し、玉ねぎを加えて炒め、しんなりしたらアスパラも加えて3分ほど炒め、いったん取り出しておく。
④ ③の鍋に残りのバターを入れて加熱し、②を加えてこんがり焼く。
⑤ サクラマスに火が入ったら牛乳と生クリームを加えて③を戻し入れ、中弱火で7〜8分ほど煮て、塩、こしょうで味をととのえる。

アスパラ豚バラロール ハニーマスタードソース

1本丸ごとの長さで入るフライパンがない場合は
アスパラと肉をそれぞれ長さを半分に切ってから巻きつけて焼くとよいでしょう。
塩、こしょうだけでそのままグリルやBBQで焼き、
後から煮詰めたソースを付けていただくのもおすすめです。

材料（2人分）

アスパラ（太めのもの）	8本
豚バラスライス	8枚
塩、こしょう	各少々
オリーブ油	小さじ2
酒	大さじ1

合わせ調味料A

粒マスタード	大さじ1
はちみつ	大さじ1/2
しょうゆ	小さじ1

下ごしらえ・準備

アスパラは下処理をしておく（P10参照）。

作り方

① アスパラ全体に豚バラをらせん状に巻きつけ、塩、こしょうしておく。
② フライパンにオリーブ油を熱して①を加えて焼き、全体に焼き目がついたら酒を加えてふたをし、2分ほど蒸し焼きにする。
③ ②によく混ぜ合わせたAを加えて味をからめる。

アスパラベーコンご飯

お好みでしょうゆを少々かけていただくと、
おかわりがとまらずキケンです。ご注意ください！

材料（2〜3人分）

米（ななつぼしがおすすめ）	2合
アスパラ	8本
ベーコン	100g
オリーブ油	小さじ1
塩、こしょう	各少々
バター	適量

下ごしらえ・準備

アスパラは下処理をしておく（P10参照）。

作り方

① お米は洗って、30分ほど吸水させてから炊飯する。
② アスパラは3cm長さに切り、ベーコンは一口大に切る。
③ フライパンにオリーブ油を熱し、ベーコンを炒めて油が出てきたらアスパラも加えて炒め、しんなりしてきたら軽く塩、こしょうしておく。
④ ごはんが炊き上がったら③を加えて5分ほど蒸らし、バターを加えてさっくりと混ぜあわせ、塩、こしょうで味をととのえる。

アスパラと生ハムのキッシュ

型は丸型やパウンドケーキ型、耐熱の器などなんでもOK。
アスパラは型の大きさにあわせてカットして入れるとよいでしょう。

材料（12×24cmタルト型1台分）

アスパラ（細めのもの）	10本程度
生ハム	6枚
冷凍パイシート	1枚

フィリング A

生クリーム	100mℓ
クリームチーズ	50g
卵（Mサイズ）	1個
塩	小さじ1/4

下ごしらえ・準備

オーブンを180度に温めておく。冷凍パイシートを解凍しておく。

作り方

① アスパラは根元の皮を薄くむく。
② ボウルにAの材料を合わせてよく混ぜておく。
③ ほどよく解凍した冷凍パイシートを、型に合わせて麺棒などでのばして敷き込み、全体にフォークで穴を開ける。
④ ③に生ハム、①を順にのせ、②を注ぎ入れて180度のオーブンで30分ほど焼く。焼き上がったら粗熱を取り、好みの大きさに切り分けていただく。

にら

5月の初めごろ、雪解けの畑に顔を出すにらも、一度植えると長い間収穫できる丈夫な作物。実は、以前ここに住んでいた方が畑の隅に植えていて、それが毎年芽を出して元気に育ってくれます。

栽培メモ

生命力が強く、畑以外にもどんどん増えて次々と芽を出します。水やりもほとんど必要なく、特段手がかからない作物です。増えすぎた場合は株を掘り上げ、別のお宅の畑におすそ分けしても丈夫に育ってくれます。

左側が食べごろ、右側が収穫後に生えてきた新芽

春先になるとよく話題になる、にらとスイセンの食べ間違い。見ればわかるでしょ…と思いますが、本当にそっくりなので、混ざって生えていると見分けがつかないことも。誤食を防ぐためにはまず、にらとスイセンを近くに植えないことが大切です。また、スイセンはにら独特のにおいがしないので、収穫時ににおいをかいで確認するとよいでしょう。

食べごろ

緑の葉が出はじめて2週間ほど、草丈が25～30cmに伸びたら収穫のスタートです。比較的ゆっくり生長するので、葉先が少し黄色くなり、硬くなってくるまで、必要なときにその都度収穫して食べると新鮮で香りもよい。収穫後1カ月ほど経つと、また新しい葉が出てきて食べごろになり、5月から6月下旬まで長く楽しめます。

夏が近くなると真ん中から花茎（かけい）が伸びてきます。これは「花にら」と呼ばれるつぼみの部分で、茎が柔らかいうちに収穫して料理に使います。収穫しなかった花にらは白い花が咲き、やがて種ができます。にらの花は白いポンポンのようなかわいらしい花なのですが、香りはにらそのもの。はじめは少しびっくりしました（笑）。

小さくてかわいい花が咲きます

にらのつぼみ。甘みがあり炒め物にぴったり

保存方法

収穫したてのにらはシャキッと立っていますが、すぐにしんなりしてしまいます。1～2日で食べる場合は、乾燥しないように根元を濡れたペーパータオルなどで包んでラップをし、さらに新聞紙などで包んで冷蔵庫の野菜室で保存します。

冷蔵庫ににらを入れたことを忘れ、数日たってにおいが大変なことに…！　なんて経験はありませんか？　食べ切れない分は、生のまま使いやすい長さに切ってフリーザーバッグなどに入れ、冷凍保存しましょう。調理するときは凍ったまま使うのがおすすめ。わが家では2種類の長さに切り分け、料理に応じて使い分けています。

調理法にあわせて保存すると使いやすい

にらしゃぶの黄身和え

にらはゆで過ぎると食感が損なわれます。根元から加えて、柔らかくなったら葉先も加え、
しゃぶしゃぶにするくらいのゆで加減がおいしくいただくコツです。
切った後にもう一度よく水気を絞ると料理が水っぽくなるのを防げ、おいしく仕上がります。

材料（2人分）

にら	100g
卵黄	1個
ごま油、塩、しょうゆなど	適量

根元から湯に入れてゆで始める

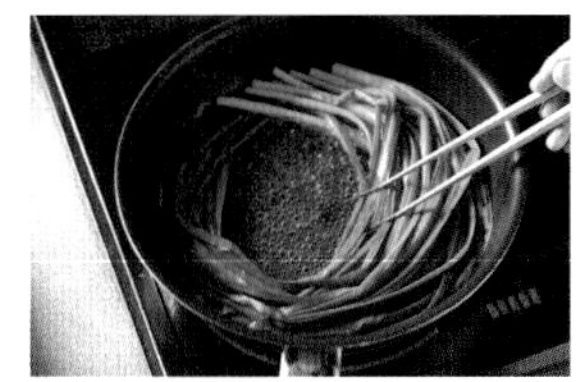
葉先も入れて色よくゆでる

作り方

① 鍋に湯を沸かし、にらを根元から加えてさっとゆで、冷水にとる。
② ①の水気をよく切ってから2cm長さに切る。
③ 器に②を盛り、卵黄をのせてよく混ぜ合わせ、好みでごま油や塩、しょうゆをかけていただく。

にら醤油

にらのうまみが染み出たしょうゆ。
冷奴やそうめん、冷しゃぶ、納豆、刺身、
麻婆豆腐、餃子などにひとかけするだけで、
いつもの料理がぐっとおいしくなります。
<みりん：にら：しょうゆ＝1：2：3>の割合を覚えておくと重宝します。

材料（作りやすい分量）

にら	50g
みりん	25mℓ
しょうゆ	75mℓ
ごま油	小さじ1
赤唐辛子（種を取る）	小1本

作り方

① にらはさっと水洗いしてからよく水気を拭き、5mm幅に刻む。
② 鍋にみりんを加えて煮切り（電子レンジ600Wで50秒加熱でもOK）、火を止めてからしょうゆ、ごま油、赤唐辛子、①を加えてよく混ぜ合わせ、冷蔵庫で保存する。

すぐにでも食べられますが、2日目以降のほうがよりおいしくいただけ、10日～2週間ほど楽しめます。

にらと豚しゃぶのロール仕立て

さっとゆでたにらと豚しゃぶがよく合う一品。
にらをモリモリ食べられます。
マヨネーズ（大さじ1）にみそ（小さじ1/2）を入れてよく混ぜ合わせたみそマヨをつけて食べるのがすすめです。

材料（2人分）

にら	100g
豚肉（しゃぶしゃぶ用）	約80g
みそマヨやごまだれ、ぽん酢など好みのたれ	適量

作り方

① 鍋に湯を沸かし、にらを根元から加えてさっとゆで、冷水にとる。
② ①の水気をよく切ってから4cmほどの長さに切る。
③ 豚肉をゆで、色がかわったら冷水にとり、水気をよく拭いてから②をのせて巻く。たれなどをつけていただく。

にらとささみのキムチ風味

相性の良いにらとキムチにあっさりした鶏ささみを加えて、
おつまみにも、ご飯にもよく合う一品に仕上げました。
ご飯にのせて温泉卵などを添えて丼にするのもおすすめ。
鶏ささみの代わりに市販のサラダチキンを使っても。

材料（2人分）

にら	100g
鶏ささみ	1本
キムチ	50g
ごま油	少々

作り方

① 鍋に湯を沸かし、にらを根元から加えてさっとゆで、冷水にとる。
② ①の水気をよく切ってから3cm長さに切る。
③ 鶏ささみはゆでてから粗くさいておく。
④ ②、③、キムチ、ごま油を合わせてよく和える。

にらと桜えびのペペロンチーノ仕立て

にらを最後に加えてシャキッと仕上げるのがコツ。
炒めすぎには注意しましょう。
にらと香ばしい桜えびがクセになる味わいです。にらの量はお好みで増やしてもよいでしょう。

材料（2人分）

にら	50g
桜えび	3g
オリーブ油	大さじ3
にんにく（スライス）	1片
赤唐辛子（種を取る）	1本
塩	少々
スパゲティ	160g

作り方

① にらは3cm長さに切る。
② フライパンにオリーブ油、にんにく、赤唐辛子を入れて加熱し、香りが出たら桜えびと塩を加えていったん火を止めておく。
③ スパゲティは塩（分量外）を加えた湯で時間通りにゆでる。
④ スパゲティがゆで上がったら②に①とともに加え、加熱しながらよく和える。

レタス

畑を始めた最初の春、お隣からいただいた苗で初めてレタスを育てました。採れたてのみずみずしい味に驚いたことを今も覚えています。添えもののイメージがあるレタスですが、この季節はメインにモリモリ食べたくなります。

わが家の畑ごよみ

栽培メモ

5月中旬までに苗を植え付けると、他の夏野菜が本格的に採れ始める前から収穫できます。葉が硬くならないように、雨が降らずに乾燥しているときは水やりをします。葉が広がって伸びるリーフレタスは、葉の間に土が入らないようにマルチ（マルチングフィルム）で土を覆い、泥跳ねを防止しています。ただし、夏にかかる場合は土が高温になってしまうので、白マルチを選ぶといいでしょう。マルチには黒、白、透明などの種類があり、土の温度を調整する、雑草を生えにくくするなどの効果があり、上手に張るのは少し手間ですが、とても便利なものです。

マルチを張って泥跳ねや雑草を防止する

食べごろ

玉レタスの収穫の目安は、外葉と中の結球部の高さが同じくらいになり、軽く押さえると弾力を感じるくらいがちょうどよい頃合いです。あまり大きくなりすぎず、8割程度の成長で収穫すると苦味もなくおいしくいただけるので、時期を逃さず収穫します。スーパーなどで購入する際も弾力があるものを選びましょう。

収穫するときは地際からナイフで切り取ります。切り口から出る白い液は赤く変色する原因になるので拭き取っておきます。ちなみに、変色はレタスに含まれるポリフェノールが酸化するためで、腐ったわけではありません。

生長が早いので収穫期を見逃さないように

保存方法

十分に水気を切ってから、ペーパータオルを敷いた保存用の袋に入れ、冷蔵庫の野菜室に立てて保存します。こうすると余分な水分を吸収しつつ保水もできるので、1週間はみずみずしさを保つことができます。芯がついたまま保存する場合は、濡らしたペーパータオルを切り口に当て、ポリ袋などに入れて野菜室に入れます。

ペーパータオルを敷いた保存袋に入れて冷蔵

下処理

レタスは調理や保存の前にしっかり水分を含ませ、シャキッとさせるとおいしく、鮮度も長持ちします。葉を1枚ずつはがし、水をはったボウルに入れておくと、最初は少しくたっとしていた葉が次第にシャキッと立ち上がってきます。調理するときはこの状態になってから使います。

グリーントスサラダ

ドレッシングをかけて食べることの多いレタスのサラダ。
自分で合わせた調味料でトスする（＝和える）ことでレタスにしっかり味がなじみ、
レストランのサラダのような味わいになります。
食べる直前に作って、シャキシャキした歯触りを楽しんでみてください。

材料（2人分）

レタス	葉6～8枚
合わせ調味料A	
オリーブ油	大さじ1
酢	小さじ1
粒マスタード	小さじ1
にんにく（すりおろし）	小1片
塩	ふたつまみ程度
好みのハーブ	適量

下ごしらえ・準備

レタスは下処理をしておく（P20）。

葉を1枚ずつはがし、切り口を水につける

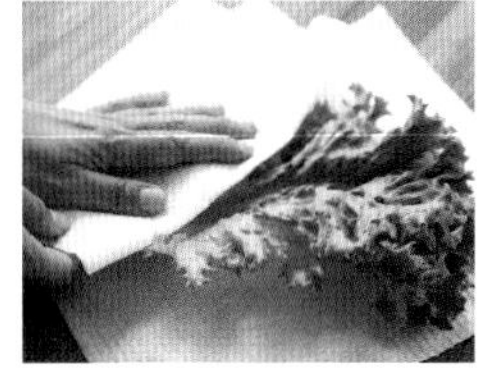

ていねいに水気を拭き取る

手でちぎると味なじみがよい

作り方

① レタスの水気をしっかり拭き取り、手で一口大にちぎる。
② ボウルにAの材料を入れてよく混ぜ合わせる。
③ 食べる直前に②に①を加えてよく和え、ミントなどのハーブを添える。

シーザー風クリーミーサラダ

トスサラダは調味料を変えることで味わいもまったく別ものに。
ポイントは隠し味のみそ。味わいに奥行きが出ます。こちらは朝食やブランチにぴったりです。

材料（2人分）

レタス	葉6〜8枚
合わせ調味料A	
マヨネーズ	大さじ1
ヨーグルト（無糖）	大さじ1
パルメザンチーズ（粉）	大さじ1
みそ	小さじ1/4
にんにく（すりおろし）	少々
ブラックペッパー	適量
クルトン、ゆで卵など	適量

下ごしらえ・準備

レタスは下処理をしておく（P20）。

作り方

① レタスの水気をしっかり拭き取り、手で一口大にちぎる。
② ボウルにAの材料を入れてよく混ぜ合わせる。
③ 食べる直前に②に①を加えてよく和え、仕上げにブラックペッパーをふり、好みでクルトンやゆで卵などを添える。

レモン塩麹だれ そばサラダ

酢の代わりにレモン汁を使い、ごま油を使うことでまったく違った味わいが楽しめます。麺類を加えれば、ちょっとした昼食代わりや、お酒の後の締めの一品にも。

材料（2人分）

レタス	葉6〜8枚
ラディッシュ	1〜2個
そば（乾麺）	60g
合わせ調味料A	
ごま油	大さじ1
レモン汁	小さじ1
塩麹	小さじ1
しょうゆ	小さじ1
にんにく（おろし）	小1片分
韓国のり（フレークタイプ）	適量

下ごしらえ・準備

レタスは下処理をしておく（P20）。

作り方

① そばは時間通りにゆでてから冷水にとり、よく水気を切っておく。
② レタスの水気をしっかり拭き取り、手で一口大にちぎる。
③ ボウルにAの材料を入れてよく混ぜ合わせる。
④ 食べる直前に③に①、②、スライスしたラディッシュを加えてよく和え、器に盛って韓国のりをちらす。

レタスと豆腐のスープ 梅風味

レタスは最後に加えて加熱は最小限に。しんなりしつつもシャキッと仕上げるのがおいしくいただくコツ。梅の酸味が、爽やかな初夏にぴったりのスープです。そうめんや春雨などを加えても。

材料（2人分）

レタス	葉3〜4枚
豆腐	80g
梅干し	2個
ごま油	小さじ2
しょうが（みじん切り）	小1片
鶏ガラスープの素（顆粒）	小さじ1
塩、こしょう	各少々

下ごしらえ・準備

レタスは下処理をしておく（P20）。

① レタスの水気をしっかり拭き取り、手で一口大にちぎる。
② 鍋にごま油、しょうがを入れて加熱し、香りが出たら2〜3等分にちぎった梅干しを加えて軽く炒め、水（400ml）と鶏ガラスープの素を加える。
③ ②が沸いてきたら、一口大に切った豆腐、①を加えてさっと煮て、塩、こしょうで味をととのえる。

レタスと鮭のチャーハン

レタスは火を止めてから最後に加えて余熱で仕上げます。
しんなり、シャキッのレタスが熱々のチャーハンになじんでさっぱりいただけます。
付け合わせにレタスと豆腐のスープ（P22）をどうぞ。

材料（2人分）

レタス	葉5〜6枚
塩鮭（甘口、切り身）	1切れ
卵	1個
ご飯	300g程度
ごま油	大さじ1・1/2
しょうが（みじん切り）	小1片
塩、こしょう	各少々
しょうゆ	小さじ1

下ごしらえ・準備

レタスは下処理をしておく（P20）。

作り方

① レタスの水気をしっかり拭き取り、手で一口大にちぎる。
② 塩鮭はグリルなどで焼き、粗くほぐしておく。
③ フライパンにごま油としょうがを入れて加熱し、香りが出たら溶き卵を加えて大きく炒め、ご飯と②を加えてさらに炒める。
④ ご飯がぱらりとなったら塩、こしょう、しょうゆを加え、味をととのえて火を止め、①を加えてさっと混ぜ合わせる。

かぶ

春から初夏にかけておいしくなるかぶは、みずみずしくしっとりした食感が特徴です。「まだかなまだかな」と毎朝見ていると、畑の土の中からぷっくりとかわいい顔をのぞかせて「おいしくなったよ」と教えてくれます。

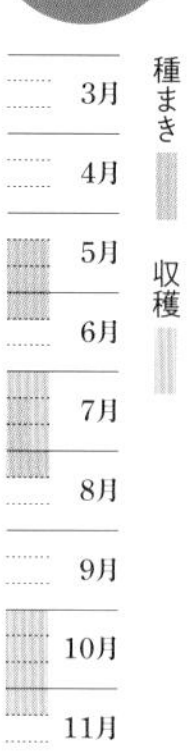

栽培メモ

かぶは比較的栽培しやすい作物です。サイズは大、中、小とあり、形は球形、長形、偏球、色も白、紫紅、紅、薄緑などさまざまで、種を選ぶのも楽しみの一つ。植えつけ時期は春から夏ごろまでと長く、少しずつ時期をずらして植えると長く楽しめます。

植える際は高畝（うね）にして水はけをよくし、生育当初は乾燥しないよう水をこまめに与えます。葉もおいしくいただけますが、虫が付きやすいので、ネットをかけるなど防虫対策が必要です。

土の中から顔を出すかぶ

食べごろ

葉がぐんぐん伸びてくると同時に根の部分が育っていきます。食べごろになると、しっかり育った根の部分（胚軸）が畑の土から盛り上がり、きれいな白い色をのぞかせます。一つ採ってみて、直径5cmほどのきれいな球形になっていたらよい頃合いです。

生育が早いので食べごろを見逃さずに収穫

収穫が遅れるとスが入ったり割れたりすることが多いので、収穫期は毎朝様子を見て、よさそうなものから順に採りましょう。栽培日数より少し早めに収穫した方がおいしいようです。

春から秋にかけて比較的長い期間楽しめますが、春先のかぶは特にみずみずしく、ジューシーな味わいが楽しめます。生で食べてもよし、焼いたり煮たり、蒸したりしてもまた違ったおいしさです。

保存方法

傷んでいる葉や虫食いの葉をとり除き、洗って水気を切ります。葉がついたままだと根の水分が葉に奪われ、せっかくのみずみずしさが奪われてしまうので、葉と根に切り分けます。

根はポリ袋などに入れて冷蔵庫の野菜室で保存し、4～5日を目安に使うとよいでしょう。葉は傷みやすいので、すぐにゆでたり塩もみするなど下処理をしておきます。

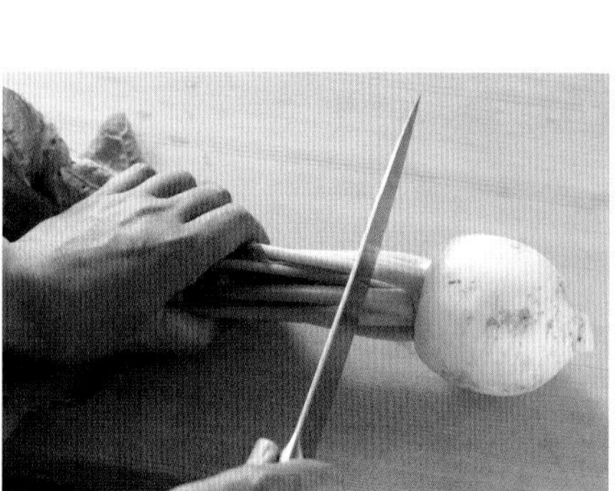
葉と根をすぐに切り分けて保存する

わが家の畑ごよみ

種まき

収穫

3月
4月
5月
6月
7月
8月
9月
10月
11月

かぶのカルパッチョ

かぶは塩で揉むことでしんなり柔らかくなるだけでなく、甘みも引き出せます。
塩で揉んだだけのかぶが、盛り付けやちょっとした工夫で
白ワインにも合いそうなおしゃれな一品に。

材料（2人分）

かぶ	1個
塩	1g
生ハム	2〜3枚
オリーブ油	小さじ2
塩、こしょう	各少々

塩をふって揉み込む

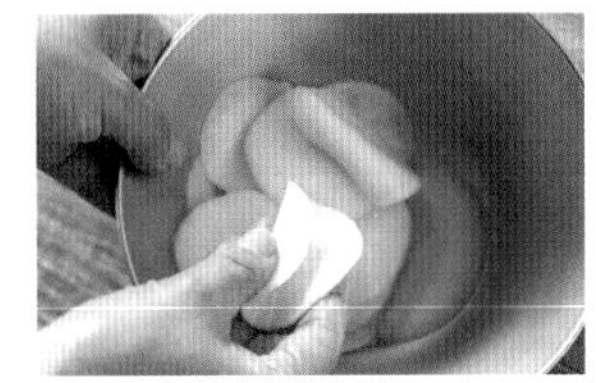

少したつと水分が出てくる

作り方

① かぶは薄い輪切りにして塩を揉み込んでおく。
② 生ハムは一口大に切る。
③ かぶがしんなりしたら軽く水気を切り、かぶ→生ハム→かぶの順に重ねて器に盛り、仕上げにオリーブ油を回しかけ、塩、こしょうで味をととのえる。あれば刻んで塩揉みした葉をちらす。

かぶと揚げのゆずこしょう風味

ゆずこしょうの爽やかな辛味の効いた一品です。
好みで加減して加えるとよいでしょう。

材料（2人分）

かぶ	小2個
塩	2g
油揚げ	1枚

合わせ調味料A

ゆずこしょう	小さじ1/4
ぽん酢	大さじ1

作り方

① かぶは薄いいちょう切りにしてから塩を揉み込んでおく。
② 油揚げはフライパンなどでこんがり焼き、一口大の細切りにしておく。
③ ボウルにAを入れてよく混ぜ合わせ、軽く水気を切った①、②を加えてよく混ぜ合わせる。あれば刻んで塩揉みした葉をちらす。

かぶと梅のサラダ

塩で揉んだかぶの甘みと梅干しの酸味がほどよくマッチ。
浅漬け感覚で楽しめるサラダです。

材料（2人分）

かぶ	小2個
塩	2g
梅干し	1～2個
オリーブ油	大さじ1

作り方

① かぶは薄い半月切りにして塩を揉み込んでおく。
② 梅干しは種を取り除いて細かくたたき、オリーブ油を加えてよく混ぜ合わせておく。
③ かぶがしんなりしたら軽く水気を切り、②と和える。あれば刻んで塩揉みした葉をちらす。

かぶのバター焼き

かぶは焼くことで甘みが増し、ジューシーな味わいが楽しめます。シンプルにかぶだけを焼くほかにも、＜オリーブオイル・アンチョビ・えび＞や＜ごま油・オイスターソース・厚揚げ＞など組み合わせのバリエーションも楽しめます。

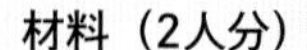

材料（2人分）

かぶ	小2個
バター	15g
塩、こしょう	各少々

作り方

① かぶは葉と根に切り分け、葉は3cm長さ、根は8等分の櫛形に切る。
② フライパンにバターを熱し、①の根の部分を加えて、中弱火で5分ほどしっかり焼き目がつくまで焼く。
③ 焼き目がついたら葉も加えてもう片面も5分ほど焼き、塩、こしょうする。

かぶとあさりのカレーチャウダー

かぶとミルクはとても相性のよい組み合わせ。
あさりとベーコンのだしがよく効いた野菜をもりもり食べられるごちそうスープです。

材料（2人分）

かぶ	小2個
にんじん	1/3本
玉ねぎ（みじん切り）	1/4個
ベーコン	2枚
あさり（殻付き、砂出し済み）	8粒ぐらい
バター	10g
カレー粉	小さじ1/2
牛乳	200mℓ
塩、こしょう	各少々

作り方

① かぶは櫛（くし）形に切り、葉の部分（適量）は小口切りにしておく。
② にんじんは5mmぐらいのいちょう切り、ベーコンは1cm幅に切る。
③ 鍋にバターを熱して玉ねぎとベーコンを炒め、香りが出たらあさりを入れてざっと炒めてから水（150ml）を加えてふたをして煮る。
④ あさりの口が開いたらいったん火を止め、あさりを取り出しておく。
⑤ ④の鍋にかぶとにんじんを入れて煮る。
⑥ 野菜が柔らかく煮えたらカレー粉と牛乳を加え、④で取り出したあさりと、かぶの葉の部分を入れて軽く煮込み、塩、こしょうで味をととのえる。

ベリー

春の終わりからかれんな花をつけ、初夏から夏の終わりにかけてたくさんの実をつけてくれるベリーたちは、畑仕事の合間や外遊びのときの格好のおやつとして大活躍。残った分は収穫していろいろと楽しみます。

わが家の畑ごよみ

収穫

- 3月
- 4月
- 5月
- 6月
- 7月 ハスカップ
- 8月 ブルーベリー
- 9月
- 10月
- 11月

栽培メモ

ハスカップやブルーベリーは育てやすく、放っておいても実がつきますが、枝が混んでくると実つきが悪くなるので、夏と冬になる前に剪定しています。またわが家は雪が多いので、枝が折れないようにしっかり冬囲いをします。枝が折れてしまっても、雪が解けてきたころに整えれば春にはまた花が咲き、元気に育ってくれます。

ブルーベリーの花

食べごろ

それぞれに時期は異なりますが、花が咲き終わり、青い小さな実をつけ始めると「今年もおいしい実がなりそうだね」と楽しみにして待ちます。青い実が大きくなり色づき始めるといよいよ食べごろです。よく熟しておいしい実は色が濃く、無理な力をかけなくても、なり口から簡単にポロッととれます。鳥たちの好物でもあるので、先を越されてしまうこともしばしば。食べごろの時期は、鳥たちに出遅れないよう毎朝のチェックが欠かせません。

食べごろを迎えたブルーベリー

保存方法

収穫したら、つぶしてしまわないように注意して、密閉容器などに入れて野菜室で保管します。水洗いするのは食べたり調理したりする直前にしましょう。

すぐに食べない場合はさっと洗って水気をよく拭き、フリーザーバックなどに入れて冷凍保存するのがおすすめです。そのままヨーグルトやデザートにトッピングしたり、いろいろなベリーをまとめてコンフィチュールにしたりもできます。

たくさん採れたベリーや果実などは、コンフィチュールやジャムにすることも多いでしょう。そのとき、大きな瓶などに入れて保存すると、開けてからなかなか食べきれずに傷んでしまうことがあります。わが家では、ちょっと手間ですが、小さな食べきりサイズの瓶に詰めて保存。一度開けたら1週間程度で食べきれる量にしています。

フリーザーバッグで冷凍保存

コンフィチュールの小瓶

春の楽しみ

たくさん採れたベリーでコンフィチュール作り

砂糖の量を果物の20～１００％の割合に変えることでいろいろな味わいが楽しめます。砂糖の分量が少ないほど甘さ控えめでフルーティーに仕上がりますが、長期保存には向きません。長期保存したい場合には、砂糖の量を果実の40％以上で作るようにしましょう。

作りやすい分量=小瓶2個分

ベリー（好みのもの。今回はハスカップ）	250g
砂糖（今回はベリーの約30%量）	70g
レモン汁	小さじ2

作り方

① 鍋にベリーと砂糖を入れ、30分～1時間ほどおく。
② 果汁が出てきたら中火にかけ、アクをとりながら20～30分ほど煮る。
③ レモン汁を加え、ほどよい固さに煮詰まったら火を止めて、煮沸消毒した小瓶などに入れ保存する。

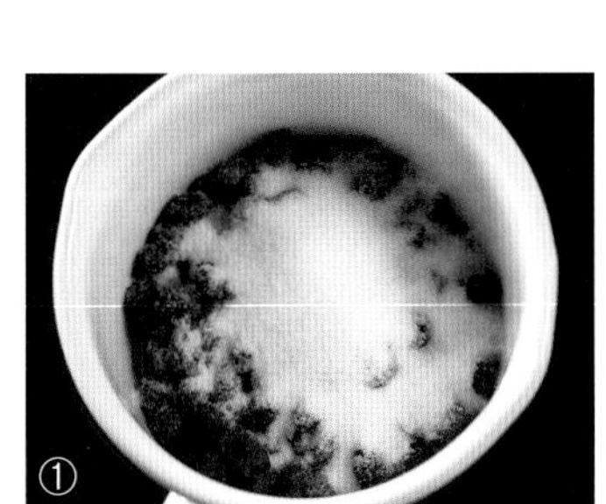
① 砂糖の量は仕上がりに合わせて調節

② 果汁が出てきたら火にかけてよいサイン

③ アクを取るとすっきりした味わいに

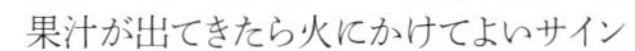

今回は１種類の果物と砂糖で作っていますが、ハスカップといちご、ブルーベリーとラズベリーなど何種類かの果物を組み合わせ、さらにシナモンスティックやクローブなどお好みのスパイスを加えてオリジナルのコンフィチュールを楽しんでみるのもおすすめです。出来上がったものは、パンやスコーンにつけていただくのはもちろん、ミルクで割ったりといろいろ楽しめます。

ベリーベリーポンチ

ノンアルコールのカクテルとしても楽しめるドリンク。
無糖の炭酸水ならさっぱりと、甘い炭酸水はしっかり甘い味が楽しめるので、
お好みで選んでみてください。

材料（2人分）

コンフィチュール（P29）	大さじ1
ベリー （ハスカップ、ブルーベリー、ラズベリーなど）	大さじ2
炭酸水	200ml
ミント、レモン（お好みで）	適量

作り方

① それぞれのグラスにコンフィチュール、ベリーを入れる。
② 炭酸水をそっと注ぎ入れて軽くかき混ぜ、お好みでミント、レモンを添える。

ベリーヨーグルトバーク

バーク（木の皮）のように
割って食べることから名付けられたヘルシーなスイーツ。
ヨーグルトとベリーの酸味がクセになります。

材料（作りやすい分量）

ベリー （ハスカップ、ラズベリー、ブルーベリーなど）	40g
コンフィチュール（P29）	小さじ2
ヨーグルト	400g
はちみつ	大さじ1

作り方

① ヨーグルトはペーパータオルなどをひいたザルに入れ、水切りをしておく。（水分が抜け、200g程度になるくらいまで一晩ほど）
② ①にはちみつを加えてよく混ぜ合わせる。
③ 冷凍できる保存容器に②を平らにならして入れ、ベリーとコンフィチュールを彩りよくちらし、冷凍庫で冷やし固める。固まったらお好みの大きさにカットしたり、割っていただく。

ベリーのカトルカール

「カトルカール」はフランスの素朴なケーキ。
コンフィチュールを加えたら、マーブル状になるよう
あまり混ぜすぎないのがきれいに仕上げるコツです。

材料（パウンドケーキ型1台分）

コンフィチュール（P29）	50g
卵（M玉）	2個（100g）
砂糖	100g
薄力粉	100g
バター	100g

下ごしらえ・準備

溶かしバター（P31）を作り、オーブンを170度に温めておく。薄力粉はふるっておく。

作り方

① ボウルに卵を割りほぐし、少し泡立ててから砂糖を加え、さらにもったりするまでしっかり泡立てる。
② ①に薄力粉を加えてさっくりと混ぜ合わせ、さらに溶かしバターを加えてよく混ぜる。
③ 最後にコンフィチュールを加えてさっと混ぜて型に流し入れ、170度のオーブンで40～50分焼く。焼き上がったら型から出して冷まし、お好みの厚さに切り分ける。

ベリーのタルト

見た目にも華やかなデザートが、火を使わずに作れます。
飾るベリーはお好みのもので。他の果物でもOKです。

材料（18cmタルト型1台分）

ビスケット	120g
バター（あれば無塩）	90g
クリームチーズ（室温に戻しておく）	200g
生クリーム	50mℓ
砂糖	大さじ3
レモン汁	小さじ2
コンフィチュール（P29）	大さじ3
好みのベリー	適量

（今回はブルーベリー、いちご、カリンズ〈フサスグリ〉を使用）

作り方

① タルト型にアルミホイルを敷いておく。
② ビスケットは厚手のビニール袋に入れて麺棒などで細かく砕く。
③ バターを耐熱のボウルに入れて電子レンジ（500Wで1分程度）にかけて、溶かしバターを作る。
④ ③に②を入れてよく混ぜ、①の型に敷き込み、冷蔵庫で冷やし固めておく。
⑤ ボウルにクリームチーズ、砂糖、レモン汁を入れてよく混ぜ合わせ、さらに7分立てにした生クリームを加えてよく混ぜ合わせる。
⑥ ④に⑤のクリームを敷き詰めて型から取り出し、コンフィチュールをのせ、ベリーを彩りよく盛り付ける。

夏から秋

夏の畑は忙しい

　果樹の花が散って実がなりはじめたころ、畑に植えた種が芽を出し、苗が大きくなって花を咲かせ始めます。キッチンの窓から見えるお隣の稲もすくすく育ち、青々としてくる。田畑にやってくるカエルの大合唱とともに、いよいよ夏のはじまりです。

　夏の畑は忙しい。畑のあちこちに食べごろの野菜を見つけては収穫に追われます。早朝の収穫では、花の終わりに実をつけ始めた野菜たちをいくつも目にすることができる。小さな小さな世界だが、命の誕生の瞬間を目にしているようで、いつも感動する。そして私たちはそれをいただいている。

　その朝収穫した野菜のおみそ汁は格別のおいしさ。やがて夏も盛りになり暑い日が続くと、わが家の定番「冷や汁」の出番だ。朝からサラサラとご飯が食べられ、また元気な一日を過ごせる。「今年も冷や汁の季節がきたね。今年はいつまで食べられるかな…」。暑くにぎやかだった夏もあっという間に終わり、収穫の秋を迎えます。

7月21日　夏を彩る紫花豆の花

8月5日　青空に向かってぐんぐん伸びる

7月26日　実りの季節を迎えた夏の畑は豊かでにぎやか

夏から秋

カメラ、ときどき畑

1 7月4日 かぼちゃにビニールの敷きわらを敷いて剪定する

2 7月6日 トマトの芽かき

3 7月10日 ズッキーニがたくさん採れた

4 7月11日 じゃがいもの花が見ごろ

5 7月11日 きゅうりの赤ちゃん

6 7月11日 なすの一番花。これは取り除きます

7 7月12日 長ねぎ。追肥と土寄せ

8 7月17日 つるありいんげんの支柱を立てる

9 7月21日 かぶを収穫

10 7月24日 とうもろこしの2番花の実を焼いて食べてみた

11 7月26日 今日の収穫

12 7月27日 近所の小麦畑が色づいてきた

13 7月31日 夏の畑

14 7月31日 にんにくの収穫

15 7月31日 じゃがいもの試し掘り。小さいものは根を付けたまま埋め戻す

16 8月2日 とうもろこしが食害に。犯人はアライグマ!

17 8月5日
すっかり背丈が伸びた作物たち

18 8月5日
育てた赤しそで梅を漬ける

19 8月7日
玉ねぎの根切りをする

20 8月7日
今日は家族で畑作業

21 8月7日
とうもろこしの収穫

22 8月11日
トマトも食べごろ

23 8月14日
豊作だね！

24 8月15日
花が咲いたあと地中に潜って実をつける落花生の花

25 8月15日
じゃがいもの収穫

26 8月15日
こちらはみょうが

27 8月25日
夏も間もなく終わり

28 8月26日
玉ねぎ収穫後の畑に紅大根の種を植える

29 8月28日
にぎやかな畑

30 9月7日
早くも秋の気配

31 9月8日
にんじんの収穫

32 9月9日
ほうれん草、小松菜の種植え

33 9月13日
枝豆の収穫

トマト

夏の畑に真っ赤に実るトマトは、お日様の味がします。畑でしっかり完熟したトマトはそれだけでご馳走です。畑仕事の合間に水分補給も兼ねてついパクパクと食べてしまいます。

栽培メモ

大玉トマトは良いものを作ろうと思うと栽培が難しいですが、ミニトマトは比較的育てやすく、初めての方にもおすすめです。

茎の近くに支柱を立て、倒れないように生長に従って支柱にひもなどで誘引します。その際、茎が徐々に太くなるので、茎を締めつけないように少しゆるめにしばりつけましょう。トマトの茎を触ると手が緑色になるので、ゴム手袋をすると作業がしやすいです。

栽培中はわき芽（茎と葉の付け根の部分から出てきた新しい芽）をできるだけ早く摘み取り、主となる茎を丈夫に育てます。栽培初心者のころはどこがわき芽かわからず戸惑いますが、すぐにわかってきます。わき芽はしばらく放っておくと太く長くなるので、こまめにチェックしましょう。根から近い順に実るので、収穫が終わったところの葉を取り除き、風通しを良くすると病気が避けられます。

後から出てきた細いわき芽を取る

色づいたものから順に収穫

食べごろ

トマトはたくさんの品種があり、色も赤、黄、オレンジなどいろいろありますが、食べごろはどれも色がしっかりと濃くなってきたころです。同じ房でも先端と根元の方では熟す時期が異なるので、1個ずつ熟した実を見極めて採りましょう。熟したトマトは節からポロッとはずれ、手で簡単に収穫できます。

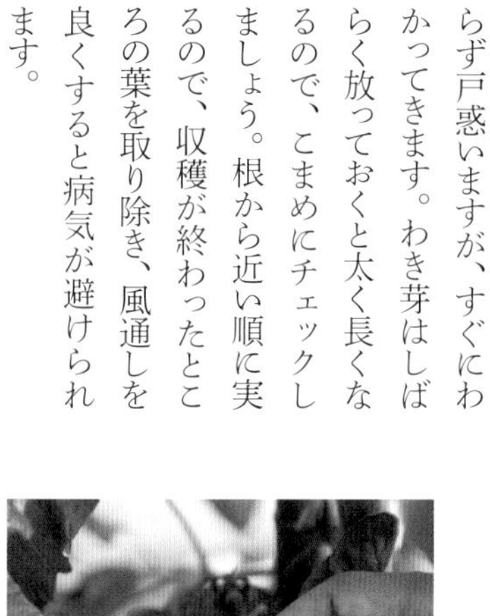

熟した実を節から折って採る

保存方法

すぐ食べるもの以外は、汚れや割れているものなどを取り除き、風通しのよい涼しい場所に置くと数日間保存できます。完熟したトマトは冷蔵庫の野菜室に入れ、できるだけ早く食べ切るようにします。

トマトは保存している間にも追熟が進みます。まだ熟していない実を収穫した場合は、数日常温においておくときれいに色づきます。

食べきれないほど収穫したときは、すぐにピューレやトマトソースなどに加工するか、丸ごと冷凍保存しておき、ある程度量がたまってからまとめて加工するのがおすすめです。

収穫の合間にそのままパクリと…いただきます

わが家の畑ごよみ

3月 4月 5月 6月 7月 8月 9月 10月 11月

定植 収穫

すりおろしトマトの冷製スープ

おろすだけで手軽に作れる絶品スープです。
ポイントは完熟トマトを使うこと。
すぐにでも食べられますが、冷蔵庫でよく冷やすとよりうまみがアップ。
きゅうりやパプリカ、パン、タバスコなどをミキサーにかけてから加えると、
スペインのガスパチョ風スープにも。

材料（4人分）

トマト（大玉・完熟）	4個（約800g）
塩麹	小さじ2
オリーブ油	小さじ2
塩、こしょう	各少々

へたをくり抜く

へたの方を下にしておろす

作り方

① トマトはへたを取り除いておく。
② ①をへたの方を下にしておろし器ですりおろし、ボウルなどに入れる。
③ ②に塩麹とオリーブ油を入れてよく混ぜ合わせ、塩、こしょうで味をととのえる。

夏の楽しみ

たくさん採れたトマトでトマトピューレ作りに挑戦！

夏の間たくさんの実をつけるトマト。食べきれなかったり実が割れてしまったものを集めて加工品を作りましょう。

雨が降ると、実が水っぽくなったり割れてしまうことが多いので、わが家では天気予報で雨マークが出ると、できるだけ雨が降る前に収穫してしまいます。その日のうちに加工できなければ、数日は常温で保管しておいてもOK。それ以上なら冷凍しておくのがベストです。冷凍庫がいっぱいになる前に、使いやすいトマトピューレにしておくと便利です。

量の目安

生のトマト ……… 2.5kgくらい

トマトジュース …… 出来上がり約1.8ℓ。調味料を加えてトマトソースやトマトケチャップに

トマトピューレ …… 出来上がり約600mℓ。トマトジュースを1/3まで煮詰めたもの

トマトペースト …… 出来上がり約300mℓ。トマトジュースを1/6まで煮詰めたもの

作業の流れ

① トマト（大玉、ミディ、プチトマトなど）はきれいに洗い、へたや青い部分、傷んでいる部分などは取り除く。
② 適当な大きさのざく切りにして鍋に入れる。
③ 鍋を火にかけ、沸いてきたらアクを取りながら20分ほど煮る。
④ ザルなどにあけて濾し、皮と種を取り除くとトマトジュースの出来上がり。
⑤ ここから1/3量程度まで煮詰めるとトマトピューレ、1/6量程度まで煮詰めると⑥トマトペーストの出来上がり。

①

出来上がりの量や使う頻度に応じて、保存瓶に入れたり、フリーザーバッグに入れて冷凍庫で保存したり。あんなに山盛りだったトマトも、ピューレにすれば冷凍庫でのストックも楽々。量が減った分、うまみが凝縮されておいしい料理のもとになります。ちょっと手間はかかりますが、他の台所仕事をしながらチャレンジしてみてください。

トマトと夏野菜のカポナータ

フレッシュトマトで爽やかさを、トマトピューレでうまみとコクを出します。
夏野菜定番の一品は、たくさん作って冷蔵庫で冷やして食べるのがおすすめ。
パスタやピザのソースにしたり、パンにのせてブルスケッタ風にいただいても。
わが家では、たくさん作ってもすぐになくなってしまう料理の一つです。

材料（4人分）

ズッキーニ	2本
なす	2本
パプリカ（赤）	1/2個
揚げ油	適量
オリーブ油	大さじ2
にんにく（みじん切り）	1片
玉ねぎ（みじん切り）	1/4個
セロリ（みじん切り）	1/2本
トマト	1個
トマトピューレ	200mℓ

合わせ調味料A

酢	大さじ2
砂糖	小さじ2
塩	小さじ1/3

作り方

① ズッキーニは5mm厚さの半月切り、なすは1cm厚さの輪切り、パプリカは2cm角に切る。
② 鍋に揚げ油を熱して①を素揚げし、よく油を切っておく。
③ 別の鍋にオリーブ油とにんにくを入れて加熱し、香りが出たら玉ねぎとセロリを加えて炒める。
④ 玉ねぎがしんなりしたら、②、ザク切りにしたトマトを加えてざっと炒めてから、トマトピューレ、Aを加えて6〜7分煮る。好みでセロリの葉を刻んだものを加える。

おろしトマトとツナのぶっかけ素麺

すりおろしトマトスープに調味料をプラスしてそうめんのタレに。
ここではかけダレにしましたが、つけダレにしても。
のせる具材はゆでた鶏ささみやエビ、揚げなすなどでもよいでしょう。

材料（2人分）

すりおろしトマトスープ（P37）	1カップ	ミニトマト	4個
白だし	小さじ2	青しそ（千切り）	4枚
ツナ	70g	みょうが（千切り）	1個
きゅうり	1本	そうめん	160〜200g
塩	1g		

作り方

① すりおろしトマトスープに白だしを加えてよく混ぜ、よく冷やしておく。
② きゅうりは小口切りにして塩で揉んでおく。ミニトマトは二つ割りに。
③ そうめんを時間通りにゆでて冷水にとる。よく水気を切って器に盛り、②、ツナ、青しそ、みょうがをのせて①をかけ、よく混ぜ合わせていただく。

ミニトマトのジュレ仕立て

ミニトマトを使った爽やかなデザート。
湯むきすることで口当たりがよくなり、味がよくなじみます。
水っぽくならないよう、しっかり水気を拭くのがポイント。

材料（4人分）

ミニトマト	24個
はちみつ	大さじ2
粉寒天	1g
水	100mℓ
砂糖	大さじ3
オレンジジュース	150mℓ
レモン汁	大さじ1

作り方

① ミニトマトはへたを取って湯むきする。よく水気を拭いてからボウルに入れて、はちみつを加えて混ぜ合わせ、冷蔵庫で冷やしておく。
② 鍋に粉寒天と水を入れて加熱し、寒天が溶けたら砂糖を加えて煮溶かし、オレンジジュースとレモン汁を加えて火を止める。
③ ②の粗熱が取れたら別の容器に入れ替え、冷蔵庫で冷やし固める。
④ ③が固まったら粗くくずし、①と合わせて器に盛りつける。

トマトのホットサラダ

食べ切れないトマトを使った温サラダ。
割れや傷、サイズ違いがあっても大丈夫。
トマトは、炒め始めたらくずれすぎてしまわないよう
強めの火加減で手早く仕上げるのがコツです。

材料（2人分）

トマト	約400g
エビ	8尾
塩	少々
オリーブ油	大さじ1
にんにく（スライス）	1片
赤唐辛子（種を取る）	1本
酢	大さじ1
塩、こしょう	各少々
バジル	適量

作り方

① トマトはへたを取って一口大に切る。
② エビは背ワタと殻を取ってよく洗い、塩を揉み込んでおく。
③ フライパンにオリーブ油、にんにく、赤唐辛子を入れて加熱し、香りが出たら②を加えて炒め、エビに火が入ったら①を加えて炒める。
④ トマトがくずれて汁が出はじめたら酢を加えて1分ほど強火で炒め、塩、こしょうで味をととのえ、好みでバジルを添える。

ズッキーニ

初夏の朝に大きな黄色い花を咲かせ、6月の終わりから10月中ごろまで収穫できる優秀な野菜です。花が咲いたと思うとあっという間に大きくなるので、毎朝のチェックをお忘れなく。

わが家の畑ごよみ

3月 4月 5月 6月 7月 8月 9月 10月 11月

定植

収穫

栽培メモ

ズッキーニは雄花と雌花が両方咲いている日に受粉しないと実がつかないので、2株以上植えると受粉がしやすくなります。緑色と黄色の品種を2株植えると彩りが良く、受粉効率も高くなりますが、家庭で消費するには採れ過ぎてしまう時期があるかもしれません。

受粉はハチなどの虫がしてくれますが、雄花を摘んで雌花に花粉を付ける「花合わせ（人工授粉）」を行うと確実に実を付けてくれます。花は日中にはしぼんでしまうので、花合わせは朝のうちに行います。朝、畑を見回りながら花合わせをするのは、新しい命の準備をしているようで楽しいものです。

実を収穫して不要になった古い葉は、うどん粉病などの病気になりやすいので、取り除いて風通しを良くしましょう。収穫量はだんだん減っていきますが、秋まで長い間収穫が楽しめます。

雄花を摘んで雌しべに花粉を付ける

つけ根の部分をナイフで切り取る

食べごろ

ズッキーニはすぐに大きくなるので、収穫のタイミングを逃さないようチェックが大切。受粉後3～4日過ぎて、長さ20cmくらいになったころが収穫の目安です。表面がつやっとして張りのあるものがおいしく、あまり大きくなると固くなり食感が損なわれます。また、育てているからこそ手軽に楽しめるのが、イタリア料理などでよく使われる「花ズッキーニ」です。長さ10cmほどの若い実と一緒に収穫します。

花と若い実を一緒に収穫

切り口から出る液体は拭き取る

保存方法

収穫したとき、切り口からぬめりのある液体が出てきます。これは新鮮な証拠ですが、傷みの原因にもなるので、しっかり拭き取りましょう。

新鮮なものは皮が柔らかく傷つきやすいので、優しく汚れを落としてペーパータオルなどに包み、冷蔵庫の野菜室か風通しの良い涼しい場所に置くと、10日ほどは保存できます。

一口メモ

ズッキーニはクセがなく味がなじみやすいので和風や中華風の料理にもぴったり。収穫後の味の変化が少なく、保存方法も手軽なので重宝します。ただし、切ると劣化が早いので、一度に1本使い切るか、残った分はしっかりラップで包んで野菜室に入れて早めに使い切りましょう。

ズッキーニのソテー

シンプルながらズッキーニのおいしさがよく味わえます。
ズッキーニは油と相性がいいので、少し多めの油で揚げ焼きのようにするとよいでしょう。
わが家では初物のズッキーニで必ずといっていいほど作ります。ぜひ出来たての熱々を。

材料（2人分）

ズッキーニ	2本
オリーブ油	大さじ2～3
塩、こしょう	各少々
ハーブ（ローズマリーなどあれば）	適量

重ならないようにフライパンに並べる

焦げ目がつくまでしっかり焼く

作り方

① ズッキーニは天地を切り落として7mm厚さの輪切りにする。
② フライパンにオリーブ油とハーブを入れて加熱し、香りが出たら①を加えて焼く。
③ 片面に軽く焦げ目がついたらもう片面もしっかり焼き、塩、こしょうする。

手軽にもう一品

ズッキーニのオープンオムレツ

ズッキーニのソテー（P43）を多めに作ってそれを利用するのもよいでしょう。そのままいただくだけでなく、サンドイッチにしても楽しめます。

材料（4人分）

ズッキーニ	1〜2本
ソーセージ	4本
オリーブ油	大さじ3
玉ねぎ（粗みじん切り）	1/2個
塩、こしょう	各少々
卵	4個
塩	小さじ1/2

作り方

① ズッキーニは7mm厚さの輪切りにする。ソーセージは5mm厚さの輪切りに。
② フライパンにオリーブ油を熱して玉ねぎを炒め、きつね色になったら①を加えて炒め、軽く塩、こしょうし、一旦取り出して冷ましておく。
③ ボウルに卵を割りほぐし、②と塩を加えてよく混ぜ合わせる。
④ フライパンに薄く油（分量外）をひき、③を流し入れて焼く。片面が焼けたら裏返し、好みの加減に焼き上げる。食べやすい大きさに切り分け、好みでトマトソースなどをかけていただく。

麻婆ズッキーニ

ズッキーニは味にクセがないので、
洋風だけでなく和風や中華風の料理にもよく合います。

材料（2人分）

ズッキーニ	1本
ごま油	大さじ1
しょうが（みじん切り）	小1片
ひき肉	100g
水溶き片栗粉	大さじ1・1/2
オイスターソース	小さじ1
塩、こしょう	各少々

合わせ調味料A

しょうゆ、みりん、砂糖	各大さじ1
鶏ガラスープ（顆粒）	小さじ1

作り方

① ズッキーニは5mm厚さの半月切りにしてゆで、水気を切っておく。
② フライパンにごま油としょうがを入れて加熱し、香りが出たらひき肉を加えて炒める。
③ 肉の色が変わったら水（200ml）とAを加え、沸いてきたら①を加えて5分ほど煮る。
④ 水溶き片栗粉でとろみをつけ、仕上げにオイスターソースと塩、こしょうで味をととのえる。

ズッキーニのポタージュ

暑い日によく冷やしていただくとおいしい。
ミントの葉を添えるとより爽やかに。
さっぱりヘルシーに仕上げたい時には、生クリームの代わりに豆乳を使うとよい。

材料（2人分）

ズッキーニ	1本
バター	10g
玉ねぎ（みじん切り）	1/4個
しょうが（みじん切り）	小1片
生クリーム（または豆乳）	1/2カップ
塩、こしょう	各少々

作り方

① ズッキーニは1cm厚さの輪切りにする。
② 鍋にバターを熱し、玉ねぎとしょうがを炒め、香りが出たら①を加えてざっと炒めてから、水（200ml）を加えて煮る。
③ ズッキーニが柔らかく煮えたらミキサーにかけ、なめらかにする。
④ ③を鍋に戻して生クリームを加えて温め、塩、こしょうで味をととのえる。

ズッキーニのマフィン

すりおろしたズッキーニが入ったマフィンはしっとり優しい味わいがクセになります。
朝食やブランチに、よく冷やしたズッキーニのポタージュと一緒にどうぞ。

材料（マフィンカップ8個分）

ズッキーニ	1本
卵（M玉）	2個
砂糖	100g
バター	80g
マーマレード	大さじ2

粉類

薄力粉	220g
ベーキングパウダー	小さじ2

下ごしらえ・準備

溶かしバター（P31）を作り、オーブンを200度に温めておく。粉類は合わせてふるっておく。

作り方

① ズッキーニは皮ごとすりおろし、軽く水気を絞っておく。
② ボウルに卵を割り入れ、砂糖、溶かしバター、マーマレード、①を順に加えてよく混ぜ合わせ、最後に粉類を加えてさっくりと混ぜ合わせる。
③ 型に②を流し入れ、200度に温めておいたオーブンで16～17分ほど焼く。

きゅうり

夏はやっぱりきゅうりです。7月初めに花が咲いたあと、かわいい赤ちゃんきゅうりがなります。赤ちゃんはぐんぐん育ち、雨上がりの畑には収穫しそびれた「おばけきゅうり」が現れることも……。

わが家の畑ごよみ

定植
収穫
3月
4月
5月
6月
7月
8月
9月
10月
11月

栽培メモ

きゅうりの苗は寒さに弱いので、十分暖かくなってから植え付けるか、風よけのためビニール袋などで行灯（あんどん）を作って苗を囲うと順調に生長します。私の住んでいる地域は春に風が吹くことが多く寒いので、枯れないように行灯で囲っています。

寒さを防ぐため行灯で囲った苗

暖かくなってある程度生長したら、行灯を外して支柱にきゅうり用ネットを張ります。枝がどんどん伸びるので、枝の先端を切ったり不要なわき芽を取ったりして整えます。きゅうりは生育がさかんな分、十分な水が必要です。雨が少ない場合は水不足にならないように水をたっぷり与えましょう。

生長するに従って病気が発生することがあります。病気の葉を見つけたらすぐに取り除きます。

食べごろ

花が咲いてから約1週間で収穫できます。長さ20cm前後のものが食べごろで、へたの上をはさみで切って収穫します。収穫はなるべく早朝や夕方の涼しい時間に行い、収穫後も涼しい場所に置くとよいでしょう。

収穫したばかりのきゅうりはイボがしっかりとがって、触ると痛いくらいです。お尻についた枯れた花は新鮮な証拠ですが、収穫後は傷みの原因にもなるので取り除きます。

赤ちゃんきゅうりと大きく育ったきゅうり

保存方法

きゅうりは高温と乾燥で劣化してしまうので、湿らせたペーパータオルや新聞紙などで包み、ポリ袋に入れて冷蔵庫の野菜室で保存します。4～5日で食べ切るようにしましょう。

乾燥しないように包んで野菜室へ

一口メモ

緑色の皮のすぐ下に苦味のもとになる成分があり、アクになります。苦味が気になる場合はへたを切り、こすり合わせて苦味成分を含んだ液体を出して拭き取ると苦味が軽減されます。塩をふって板ずりをしても同じ効果があります。

切り口をこすって出た液体を拭き取る

塩揉みきゅうりの甘酢和え

きゅうりは塩揉みすることで青臭さや余分な水分が抜けて、
いろいろな料理にも展開しやすくなります。

材料（2人分）

きゅうり	3本
塩	3g
新しょうがの甘酢漬け（すし用がり）	45g
甘酢	大さじ2

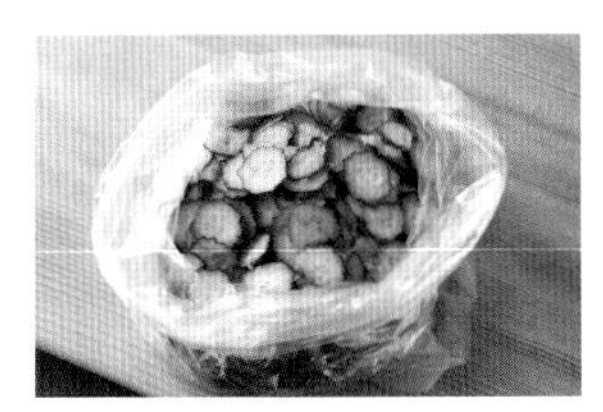
小口切りにしてポリ袋に入れる

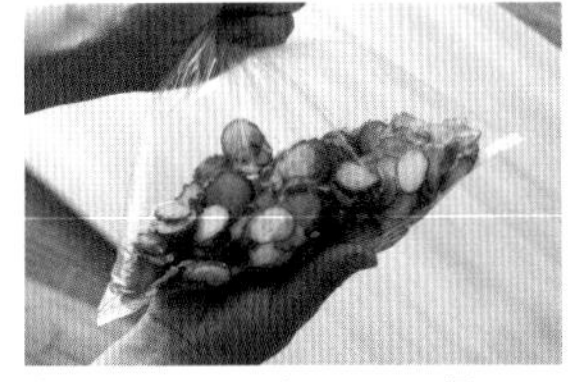
塩がなじむように振ってから揉む

作り方

① きゅうりは天地を切り落として小口切りにする。
② ①をポリ袋に入れて塩を加え、塩がよくなじむように振ってから揉み、10分ほどおく。
③ ②のきゅうりがしんなりしたらよく水気を絞り、細切りにしたがりと甘酢で和える。

塩揉みきゅうりのサンドイッチ

サンドイッチのきゅうりも、
塩揉みしてから加えることで
しっとりパンによくなじみ、おいしくいただけます。

材料（2人分）

きゅうり	3本
塩	3g
食パン（サンドイッチ用）	4枚
マヨネーズ	大さじ2
ハム	2枚
スライスチーズ	2枚

作り方

① きゅうりは天地を切り落として小口切りにし、塩を加えて揉み込んでおく。
② きゅうりがしんなりしたら、よく水気を絞る。
③ パンにマヨネーズを薄く塗り、チーズ、②、ハム、パンの順にのせて挟み、ラップでしっかり包んで落ち着かせてから好みの大きさに切っていただく。

きゅうりのライタ

インド料理のライタは辛いカレーにもぴったりの一品。
水切りヨーグルトを使ってクリーミーな仕上がりに。
すぐでもいただけますが、冷蔵庫で１時間ほど冷やしても。

材料（2人分）

きゅうり	1本
塩	1g
とうもろこし（ゆでた実）	60g
ミニトマト	4個
合わせ調味料A	
ヨーグルト（無糖、水切り）	大さじ3
ガラムマサラ	少々
塩	少々

作り方

① きゅうりは5mm厚さのいちょう切りにし、塩を加えて揉み込んでおく。
② ボウルにAを加えてよく混ぜ合わせ、水気を切った①、とうもろこし、四つ割りにしたミニトマトを加えてよく和える。

きゅうりとタコのキムチ炒め

きゅうりは炒めて食べてもおいしい。
塩揉みしてから炒めると、
独特のコリッとした食感が楽しめます。

材料（2人分）

きゅうり	2本
塩	2g
タコ（ゆで、足）	120g程度
キムチ	80g
ごま油	小さじ2
しょうが（千切り）	小1片
しょうゆ	少々

作り方

① きゅうりは天地を切り落とし、麺棒などでたたいてから一口大に切り、塩を加えて揉む。
② タコは5mm厚さに切る。
③ フライパンにごま油としょうがを入れて加熱し、香りが出たらキムチを炒め、タコ、水気を切ったきゅうりを順に加えてさらに炒め、仕上げにしょうゆを加えて味をととのえる。

きゅうりの冷や汁

きゅうりの入った冷たいみそ汁は暑い夏の食事にぴったり。
朝から暑い日でもご飯がさらさら食べられます。
前の晩に汁を作って冷蔵庫で冷やしておき、朝に仕上げるのがわが家の定番です。

材料（たっぷり4人分）

きゅうり	4本
塩	4g
だし汁（いりこがおすすめ）	6カップ
みそ	120g
もめん豆腐	1丁
みょうが	2本
青しそ	4枚
しらす	40g
白ごま	適量

作り方

① 濃い目にとっただし汁にみそを溶き入れ、粗熱が取れたら冷蔵庫で冷やしておく。
② きゅうりは天地を切り落として小口切りにし、塩を加えて揉む。
③ もめん豆腐は粗く手でくずし、みょうがと青しそは千切りにする。
④ 食べる直前に、よく水気を絞った②、③、しらすを①に加えてよく混ぜ合わせ、好みで白ごまを散らす。

いんげん

夏の盛りに白や薄紫のきれいな花を咲かせるいんげん。花のあとに小さなさやが現れ、数日すると10㎝以上の長さになります。新鮮ないんげんを食べると、キュッキュッと音がするよう。

わが家の畑ごよみ

	種まき	収穫
3月		
4月	■	
5月	■	
6月		■
7月		■
8月		
9月		
10月		
11月		

栽培メモ

いんげんは「つるあり」と「つるなし」のタイプがあり、つるありは長い支柱を立てて巻き付けて育てます。つるなしは背丈があまり伸びないので、苗を支える短い支柱だけで育てられます。

なすと一緒に植えると相性が良いため、わが家では、なすの横につるなしいんげんを植えています。いんげんの根に付く根球菌が窒素分を土中に補給し、なすの生長を促してくれるといわれています。また、つるなしは背丈が低いので、なすと立体的に栽培できて場所も有効に活用できます。種まきの時期を少しずつずらして植えると、順に大きくなるので長期間にわたって収穫が楽しめます。

相性の良いなすと混植

食べごろに育ったいんげん

食べごろ

花が咲いて10日～2週間が過ぎ、さやの長さが15㎝ほどになったころが収穫の適期です。収穫は、さやの付け根から1本ずつはさみで切り取ります。

あまり大きく育つと硬くなり、食感が損なわれてしまいます。大きくし過ぎるよりは小さめで収穫したほうが甘みがあって柔らかく、おいしくいただけます。

付け根からはさみで切って収穫

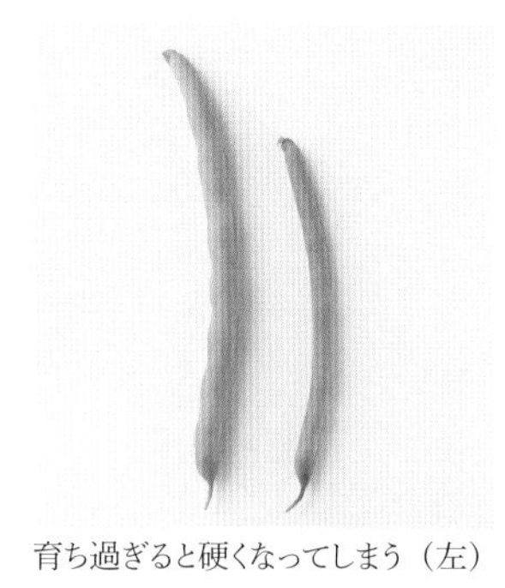

育ち過ぎると硬くなってしまう（左）

保存方法

収穫したての新鮮ないんげんは、細かい産毛が生えていてちょっとフワフワしています。乾燥しないようペーパータオルなどで包み、ポリ袋に入れて冷蔵庫の野菜室で保存すると、1週間程度はもちます。

一度に食べきれないほど収穫したときは冷凍保存がおすすめ。へたを落として食べやすい大きさに切り、フリーザーバックなどに入れて冷凍庫へ。使うときは凍ったまま調理します。

乾燥しないように包んで野菜室へ

一口メモ

以前はいんげんにも硬い筋がありましたが、現在は品種改良が進み、筋のないものがほとんどです。

いんげんのガーリックバター焼き

いんげんをじっくり焼くと、柔らかくなるだけでなく甘みとうまみが増します。
にんにくは焦がさないよう注意しましょう。

材料（2人分）

いんげん	16本
にんにく（みじん切り）	1片
バター	10g
塩、こしょう	各少々
しょうゆ	小さじ1

中弱火でじっくり焼く

作り方

① いんげんはへたを切り落とす。
② フライパンにバターを入れて加熱し、溶けてきたらにんにくを入れ、香りが出たら①を加え、軽く塩、こしょうをして中弱火でじっくり焼く。
③ いんげんにしっかり火が入り柔らかくなったら器に取り出し、同じフライパンにしょうゆを加えて一煮立ちさせ、器に盛ったいんげんにかけていただく。

マヨタマいんげん

ゆでたいんげんの水気をよく拭いて
キュッキュッとした歯ごたえに。
パンに挟んでいただくのもおすすめです。

材料（2人分）

いんげん	20本
ゆで卵	1個
マヨネーズ	大さじ1
みそ	小さじ1/2

作り方

① いんげんはへたを切り落とし、長さ2〜3等分の斜め切りにする。
② ①を塩（少々、分量外）を加えた湯で3分ほどゆで、ゆで上がったらザルにあげ、よく水気を切って冷ましておく。
③ ボウルにゆで卵を入れてフォークなどで粗くつぶし、マヨネーズとみそを加えて混ぜ合わせ、②を加えてよく和える。

いんげんとじゃがいものバジル風味

いんげんとじゃがいもに、爽やかなバジルソースがよく合います。
じゃがいもは少し歯ごたえが残る程度にゆで上げるのがコツ。

作り方

① いんげんはへたを切り落とし、長さ2〜3等分に切っておく。じゃがいもは皮をむいて拍子木切りにする。
② 鍋に水、じゃがいも、塩（少々、分量外）を入れて加熱し、沸いてきたらいんげんを加えて3分ほどゆでる。柔らかくなったらざるにあげてよく水気を切る。
③ フライパンにバジルペーストを入れて温め、②を加えてよくからめる。塩、こしょうで味をととのえ、好みでパルメザンチーズを振りかける。

材料（2人分）

いんげん	12本
じゃがいも	中1個
バジルペースト（P72）	40g
塩、こしょう	各少々
パルメザンチーズ（粉）	適量

いんげんのチヂミ

食べ応えのあるチヂミ。
いんげんはじっくり火を通して焼くと甘みが増します。

材料（2人分）

いんげん	16本
塩	少々
ごま油	大さじ1
甜麺醤	適量

チヂミ生地

卵	1個
水	120mℓ
小麦粉	100g
片栗粉	50g
塩	小さじ1/2

作り方

① いんげんはへたを切り落とす。
② フライパンにごま油を熱し、①を加えて軽く塩をし、転がしながら焼く。
③ ボウルに卵を割りほぐし、水を加えて混ぜ合わせ、小麦粉、片栗粉、塩を加えてよく混ぜ合わせる。
④ いんげんに火が入ったら③の生地を流し入れ、両面をこんがり焼く。焼き上がったら食べやすい大きさに切り分け、好みで甜麺醤などをつけていただく。

いんげんと鶏肉のパエリア

パエリアの本場スペインでも豆はよく食べます。
スープと一緒に炊き込んで味のしみた、ちょっとくたっとしたいんげんが私は好きです。

材料（3〜4人分）

いんげん	12本
パプリカ	1個
鶏もも肉	1枚
塩、こしょう	各少々
玉ねぎ（みじん切り）	1/2個
にんにく（みじん切り）	1片
オリーブ油	大さじ3
米	2合
ターメリック	小さじ1
トマトピューレ（P38）	40mℓ
ブイヨン	700mℓ
塩	小さじ1/3

作り方

① いんげんはへたを切り落とし、長さを半分に切る。パプリカは種を取り除き、一口大の乱切りにする。
② 鶏肉は余分な脂身などを取り除いて一口大に切り、塩、こしょうする。
③ 深さのあるフライパンにオリーブ油（大さじ1）を入れて加熱し、②を加えて焼き、表面に焼き目がついたら取り出しておく。
④ ③のフライパンにオリーブ油（大さじ2）を足し、玉ねぎとにんにくを加えて炒め、香りが出たら①、米（洗わないでそのまま）を順に加えて2〜3分炒める。
⑤ 米が透明になったらターメリック、トマトピューレを加えてよく炒めてからブイヨン、塩、③を加え、強めの中火で5〜6分かき混ぜながら煮る。
⑥ 火を弱めてふたをして15〜17分ほど加熱する。
⑦ スープがなくなり、米がほどよい硬さに炊き上がったら、最後に強火で1〜2分加熱してお焦げを作る。

なす

なすの栽培は手をかけただけ応えてくれるのが面白く、毎年いろいろな種類を育てています。中でも一番の自慢は米なす。ずっしりと大きな実は食べ応えも十分です。

わが家の畑ごよみ

定植　収穫

3月
4月
5月
6月
7月
8月
9月
10月
11月

栽培メモ

なすは色や形、大きさなどさまざまな種類があり、毎年何を植えようかと楽しみな作物です。春に農家さんがやっている苗市に行くと、珍しい苗を発見してついたくさん買ってしまうのですが、ナス科にはトマトやじゃがいも、ピーマンなどもあり、畑がナス科ばかりになってしまいます。同じ科の連作は避けた方が良いため、限られた畑では植える場所に苦労することも。来年や数年先のことも考えて作付けの計画を立てるようにしています。

なすは水をよく吸うので、雨の降らない日は朝の水やりが欠かせません。こまめに水やりをするとツヤツヤして実も柔らかく、おいしく育ってくれます。また、日光に当てると色つやが良くなるので、実に日が当たるよう余分な枝葉は取り除いて育てます。

枝の近くからはさみで切り落とす

実に光が当たるように枝葉を取り除く

食べごろ

なすの花にもさまざまな色があるということを、育ててみて初めて知りました。一般的な中長なすは、花が咲いてから20日ほどで長さ10cm前後のぷっくりした形になると収穫適期です。大きくなり過ぎると、皮だけでなく中の種も硬くなり、食感も味も損なわれてしまいます。

収穫するときは、あとからなる実を傷つけないよう、はさみで枝の近くを切ってから、枝に残ったへたの部分も切り落としておきます。

保存方法

収穫したての新鮮ななすは、はかま部分のトゲがとがって痛いくらいなので、指を傷つけないよう注意しましょう。

なすは低温を嫌うので、乾燥しないようにポリ袋などに入れ、直射日光が当たらない風通しの良い場所で保存するのがおすすめ。長期間保存する場合は、食べやすい大きさに切って素揚げしてからフリーザーバッグなどに入れて冷凍しておくと、すぐに使えて便利です。

素揚げして冷凍保存

乾燥しないよう袋に入れて常温保存

一口メモ

なすの実は夜間に生長した部分は色が白く、日中に太陽の光に当たることで色づきます。朝、日の当たらないうちに収穫したものは、はかまと実の間が白く、新鮮なことがひと目でわかります。

はかまの境目が白くなっている

揚げなすのハニーマリネ

揚げたなすのとろっとした食感と甘酸っぱいマリネ液の味がよく合う爽やかな一品。
なすは切ってから軽く塩をして少しおくと
アクや余分な水分が出るので、拭き取ってから調理します。

材料（2人分）

なす	2〜3本
揚げ油	適量

マリネ液A

はちみつ	大さじ1・1/2
酢（リンゴ酢）	大さじ3
塩	少々
ローリエ	1枚

塩をまぶしておく

水分とともにアクが出る

作り方

① なすはへたを切り落とし、1cm厚さの輪切りにする。
② ①をボウルなどに入れ、塩（少々、分量外）をまぶして15分ほどおき、アクと水分が出てきたら拭き取る。
③ 170度に熱した油で②を3分ほど揚げて取り出す。
④ ボウルにAの材料を入れて混ぜ合わせ、③を加えて漬け込む。

手軽に
もう一品

揚げなすの三升漬けみそ和え

ピリ辛の三升漬けでご飯がすすむ。
たくさん作って常備菜にしても。

材料（4人分）

なす	4本
ピーマン	2個
揚げ油	適量
三升漬け（P72／市販のものでも）、みそ	各小さじ2

作り方

① なすはへたを切り落とし、1cm厚さの輪切りにする。ピーマンも1cm厚さの輪切りに。
② ①のなすをボウルに入れ、塩（少々、分量外）をまぶして15分ほどおき、アクと水分が出てきたら拭き取る。
③ 170度に熱した油でなすとピーマンを揚げて取り出す。
④ 油をよく切って、三升漬けとみそを合わせたものでよく和える。

なすの簡単しば漬け

夏の畑で採れるなす、みょうが、青しそに、毎年漬けている梅干しの赤梅酢を合わせて作る即席のお漬物。
おにぎりの具やお茶漬けにもよく合います。

材料（作りやすい分量）

なす	2〜3本（200g程度）
塩	4g（なすの重量の2%）
みょうが	2〜3本
青しそ	2枚

合わせ調味料A

しょうゆ、酢、赤梅酢	各大さじ1
砂糖	小さじ1

作り方

① なすはへたを切り落として薄い半月切りにし、塩を揉み込んでおく。
② みょうがと青しそは千切りにする。
③ ①のなすがしんなりしたらよく水気を絞り、②と合わせてAで漬け込み、味をなじませる。

蒸し焼きなすのピザ風

トロッと柔らかいなす、トマトソース、チーズの絶妙な組み合わせ。

材料（4人分）

なす	4本
オリーブ油	大さじ2
塩	少々
トマトソース	大さじ4
シュレッドチーズ	40g
バジル（あれば）	適量

作り方

① なすはへたの周りのはかまを切り落とし、縦半分に切って塩（少々、分量外）をまぶして15分ほどおき、アクと水分が出てきたら拭き取る。
② フライパンに①を並べてオリーブ油を回しかけ、軽く塩をしてからふたをして加熱し、蒸し焼きにする。
③ なすが柔らかくなったらトマトソースを塗ってシュレッドチーズをのせ、チーズが溶けるまでふたをして加熱する。好みでバジルの葉を添える。

なすと牛肉のエスニックサラダ

夏に食べたいピリ辛のごちそうサラダ。なすと牛肉の組み合わせが後をひきます。
なすはふたをしてしっかり火を通すことでジューシーに仕上がります。
辛さ加減は好みで調節を。

材料（2人分）

なす	2～3本
牛肉（しゃぶしゃぶ用）	80g
玉ねぎ	1/2個
ミニトマト	4個
ピーマン	1個
ごま油	大さじ2
にんにく（みじん切り）	1片
赤唐辛子（輪切り）	少々

合わせ調味料A

ナンプラー	大さじ1
レモン汁	大さじ2
砂糖	小さじ2

作り方

① なすは四つ割りにしてから斜め半分の長さに切り、塩（少々、分量外）をして15分ほどおき、アクと水分が出てきたら拭き取る。
② 牛肉は食べやすい大きさに切る。
③ 玉ねぎは薄くスライスし、ミニトマトは四つ割り、ピーマンは細切りにする。
④ フライパンに①を並べてごま油（大さじ1）を回しかけ、軽く塩をしてからふたをして蒸し焼きにする。
⑤ なすが柔らかくなったらいったん取り出し、同じフライパンで②を炒める。軽く塩、こしょう（分量外）をし、火が入ったら取り出す。
⑥ 同じフライパンにごま油（大さじ1）とにんにく、赤唐辛子を入れて加熱し、香りが出たらAを加えてひと煮立ちさせる。
⑦ ⑥に⑤のなすと牛肉をもどして味をからめ、③の野菜と合わせて器に盛る。

ピーマン

小さな白い花を咲かせてベルのようなかわいい実をつけるピーマンは、比較的ゆっくり生長します。7月から10月上旬まで実をつけて、長く楽しめる野菜の一つです。

わが家の畑ごよみ

3月 4月 5月 6月 7月 8月 9月 10月 11月

定植 収穫

たわわに実ったピーマン

栽培メモ

ピーマンは比較的栽培しやすい作物です。ある程度放任していても、気温が上がってくればたくさんの実をつけてくれます。ただし、台風などの強風が来ると枝が折れて倒れてしまうので、わが家では各枝に支柱を3本仕立てで固定しています。

また、株がしっかり生長するよう、最初についたつぼみ（一番花）は摘み取り、その下の枝葉（わき芽）は取り除いて上部に栄養を送ります。生長するにつれて枝葉が茂ってくるので、日当たりと風通しを良くするため、混み合った枝葉を取り除きましょう。

大きくなった実を枝の近くで切る

食べごろ

花が咲いてから2週間ほどで5～6cmの大きさになったら収穫の適期です。あとからなる実を傷つけないために、へたの上の長い軸付きのまま、枝との境目を切って収穫。軸はあとから切り落とします。

時期になると次々と実をつけ大きくなりますが、あまり大きくしすぎると硬くなるだけでなく、株が弱ってしまうので、こまめに収穫すると良いでしょう。

青いピーマンをそのままにしておくと赤く色づいてくることがあります。これはピーマンが完熟した状態で、甘みが増しておいしく食べられますが、収穫後はあまり日持ちせず、株が弱ってしまう原因にもなるので注意しましょう。

赤く色づきはじめるピーマン

保存方法

収穫後の味の変化が少ないうえに、傷ついたりもしにくいので扱いやすい野菜です。収穫後は余分なへたの部分を切り落とし、汚れを拭きとったら、ポリ袋などに入れて冷蔵庫の野菜室で保存するか、風通しの良い涼しい場所で保存すると良いでしょう。

ポリ袋などに入れて保存

ピーマンの丸ごと煮

種もへたも取らずに丸ごとピーマンを味わえます。
加熱時の破裂防止や、味をよく染み込ませるため、手でつぶしておきます。
温かくても冷やしてもおいしく、日持ちもするので、夏の常備菜にぴったりです。

材料（4人分）

ピーマン	12個
めんつゆ（3倍濃縮タイプ）	大さじ3
水	400mℓ
赤唐辛子（種を取る）	1本
削り節	4g
ごま油	小さじ1

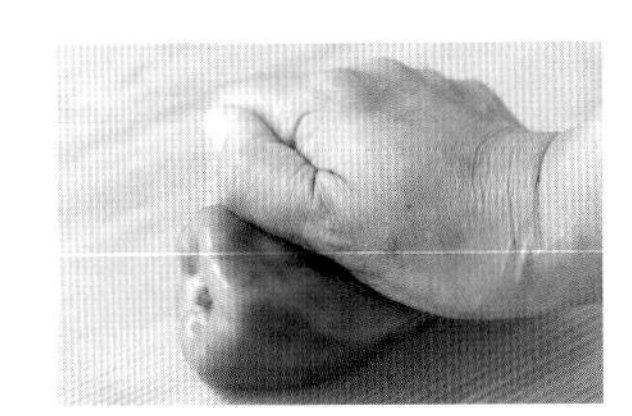

丸のまま手でつぶす

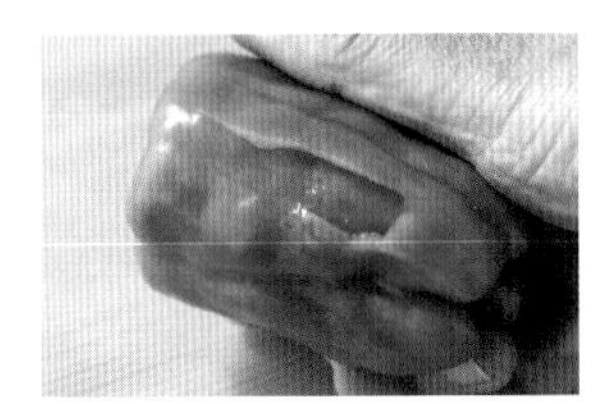

割れ目から味がしみ込む

作り方

① ピーマンは丸のまま手でつぶす。
② 鍋にめんつゆと水を入れて加熱し、沸いてきたら①と赤唐辛子を入れてふたをして煮る。
③ ピーマンが柔らかく煮えたら、削り節、ごま油を加えてさらに1～2分煮て火を止める。

ピーマンの丸ごとベーコン焼き

こちらも丸ごとがおいしい一品。
酒を加えたらふたをして、
火を弱めてじっくり焼くことで甘みが出ます。

材料（2人分）

ピーマン	6個
ベーコン（スライス）	6枚
塩、こしょう	各少々
油	小さじ1
酒	大さじ1

作り方

① ピーマンは丸のまま手でつぶす。
② ①のそれぞれにベーコン1枚を巻きつけて爪楊枝などで止め、軽く塩、こしょうしておく。
③ フライパンに油を熱して②を焼く。焼き目がついたら酒を加え、ふたをしてさらに蒸し焼きにする。

ピーマンしりしり

塩麹、ツナ、卵のまろやかさでピーマンの苦味をマイルドに。
あれば赤ピーマンやパプリカを加えると、
彩りもきれいに仕上がります。

材料（4人分）

ピーマン	8個
ごま油	大さじ1
しょうが（みじん切り）	小1片
ツナ	70g
みりん	大さじ1
塩麹	大さじ1
卵	1個

作り方

① ピーマンは縦半分に切り、
種とワタを取り除いて千切りにする。
② フライパンにごま油としょうがを入れて加熱し、香りが出たら①、ツナ、みりん、塩麹を順に加えてよく炒める。
③ ピーマンがしんなりしたら溶き卵を回し入れ、かき混ぜながら好みの硬さに仕上げる。

ピーマンの明太きんぴら

ピーマン、にんにく、辛子明太子がよくマッチ。
ご飯のおかずにもおつまみにもなるパンチの効いた一品です。

材料（4人分）

ピーマン	8個
にんにく（みじん切り）	小1片
ごま油	小さじ1
辛子明太子（またはたらこ）	40g
しょうゆ、みりん	各大さじ1

作り方

① ピーマンは縦半分に切り、種とワタを取り除いて千切りにする。
② 辛子明太子は皮を取り除いておく。
③ フライパンににんにくとごま油を入れて加熱し、香りが出たら①を加えて炒め、しんなりしたら②、しょうゆ、みりんを加えて味をからめる。

ピーマンバーグのトマト煮込み

ピーマンで閉じ込めた肉汁がジュワー。
お肉とトマトのうまみたっぷりなので、ピーマン嫌いの子どもにもおすすめです。

材料（4人分）

ピーマン	8個
小麦粉	適量
油	小さじ1
トマトジュース（P38）	200mℓ
塩、こしょう	各少々
パルメザンチーズ（粉）	適量

肉だねA

合びき肉	300g
玉ねぎ（みじん切り）	1/4個
塩	小さじ1/4
パン粉	15g
牛乳	1/3カップ
こしょう	少々

作り方

① ピーマンは尻の部分を1cmほど切り落としてから長さを半分に切り、種とワタを取り除く。（気にならなければついたままでもOK）
② ボウルにAの肉だねの材料を入れてよく練り合わせておく。
③ ①の内側に小麦粉をまぶし、②の肉だねをしっかり押し込むように詰める。
④ フライパンに油を熱し③を焼く。両面に焼き目がついたらトマトジュースを加え、ふたをして7〜8分煮る。
⑤ ふたを取り、④のソースを回しかけながら煮詰め、塩、こしょうで味をととのえる。仕上げに好みでパルメザンチーズをかけていただく。

とうもろこし

夏の終わりに旬を迎えるとうもろこし。私たち人間だけでなく、動物たちにも大人気（?）のごちそうです。収穫の季節は闘いの日々でもあります。

栽培メモ

とうもろこしは風媒花（花粉を風で飛ばして受粉する植物）です。別の株の花粉で受粉するので、種（または苗）を2列以上にして花同士が近くなる状態で植え付けます。また、マメ科の植物を混植すると害虫が寄りつかないと言われ、わが家では間に枝豆を植えています。実つきや実の大きさを良くするため、元肥や追肥はたっぷり施しましょう。

とうもろこしはおいしくて栄養もたっぷりなので、動物たちも狙ってきます。もうすぐ収穫、と楽しみにしているときに食べられてしまうのは悔しくてたまりません。完璧な対処法はありませんが、動物がよく来る畑では、収穫前にネットを張って土を盛る、唐辛子などの刺激物を液体にして作物や周辺にまくなどの対策が必要です。わが家に来るアライグマはネットもよじ登るので、今年はたくさん食べられてしまい失敗でした。

ヒゲが茶色く縮れたら収穫のサイン

食べごろ

実が十分にふくらみ、上から出ているヒゲが、最初はきれいな緑色だったのが茶色く縮れてきたら収穫適期です。上の皮を少しむいてみて、実がしっかり入っているようであればOK。

早朝の涼しいうちに収穫するのが一番甘くておすすめです。茎から外側に向かって思い切り良くボキッと折るようにすると上手に収穫できます。

実を外側に折るようにして収穫

保存方法

「鮮度が命」という点では作物の中でも1、2位を争います。朝採りをその日にいただくのが一番ですが、保存する場合は皮つきのまま冷蔵庫の野菜室などに立てて保存します。野菜室に空きがなかったり、たくさん収穫できたときは、わが家ではクーラーバッグで保存しています。

長期保存する場合は、ゆでて粒状にしてから冷凍します。ペースト状にして冷凍すると、スープなどに調理する際に便利です。

一口メモ

おいしいとうもろこしを育てようと思ったら、1株に一つの実というのが理想的。実が2個以上ついたら、一番上を残して、あとは小さいうちにベビーコーンとして収穫するのがおすすめです。

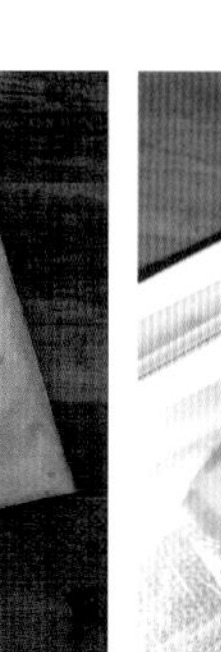

クーラーバッグに保冷剤を入れて保存

調理法に合わせて冷凍保存

わが家の畑ごよみ

3月 4月 5月 6月 7月 8月 9月 10月 11月

定植　収穫

スパイシーコーンフライ

素揚げしたとうもろこしは、ゆでたものとは一味違うぷりっとした食感と香ばしさがクセになる。
コツは、実がぷっくり膨らんできたところで取り出すこと。
揚げたてはジューシーでビールのおつまみにぴったり。油はねには十分ご注意を。

材料（2人分）

とうもろこし（生）	2本
揚げ油	適量
塩、カレー粉	各適量

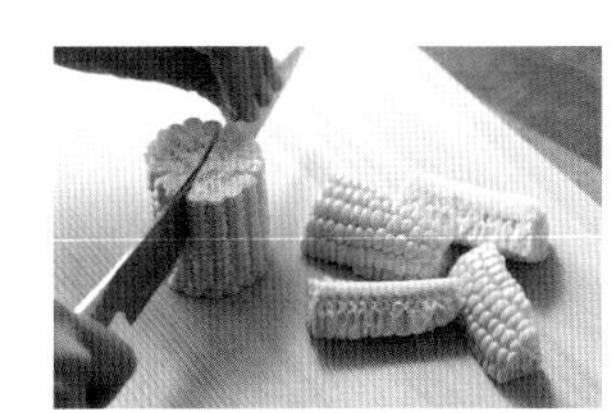

芯ごと四つ割りにする

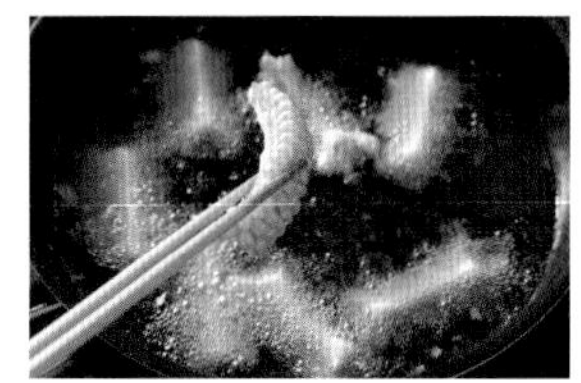

実がぷっくり膨らむ

作り方

① とうもろこしは1本を長さ3等分にしてから四つ割りにする。
② 170度に熱した油に実の部分を下にして加え、1〜2分揚げる。実がぷっくり膨らんできたら揚げ上がりのサイン。
③ 揚げ上がったら油をよく切り、塩とカレー粉を合わせたカレー塩をふりかけていただく。

手軽にもう一品

とうもろこしの揚げ浸し

暑い日には冷蔵庫でよく冷やすと
よりおいしくいただけます。
なすやししとう、ズッキーニなどの野菜も揚げて
一緒に漬け込むと豪華な一皿に。

材料（2人分）

とうもろこし（生）	2本
揚げ油	適量

漬けだれA

めんつゆ（3倍濃縮タイプ）	1/3カップ
水	2/3カップ
赤唐辛子（種を取る）	1本

作り方

① 鍋にAの材料を合わせて火にかけ、沸いてきたら火を止めておく。
② とうもろこしは1本を長さ3等分にしてから四つ割りにする。
③ 170度に熱した油に、②の実の部分を下にして加え、1〜2分揚げる。
④ 揚げ上がったら油をよく切り、①のたれに漬け込み、味をなじませてからいただく。

焼きとうきび風つくね

札幌・大通公園「とうきびワゴン」の名物、
焼きとうきびをイメージした懐かしい味わい。
とうもろこしの実は、生でもゆでたものでもOK。

材料（4人分）

とうもろこし（実）	120g
油	小さじ1
バター	10g
しょうゆ、みりん	各大さじ1

肉だねA

鶏ひき肉	500g
玉ねぎ（粗いみじん切り）	1/4個
みそ	小さじ1
片栗粉	大さじ1
塩、こしょう	各少々

作り方

① ボウルにAを入れてよく混ぜ合わせ、12等分の楕円形にまとめて串に刺し、表面にとうもろこしの実をぎゅっと押し付ける。
② フライパンに油を熱し、①をとうもろこしを付けた側を下にして焼く。
③ 焼き目がついたら裏返し、ふたをして中弱火で6〜7分焼く。
④ 中まで火が入ったらバター、しょうゆ、みりんを加えて味をからめる。

とうもろこしのミルク茶碗蒸し

シンプルな材料でできる洋風茶碗蒸し。たくさん作って、
出来たて熱々と冷やしたもの両方を楽しむのがおすすめです。

材料（2人分）

とうもろこし（生）	1本
牛乳	120㎖
卵（M玉）	1個
塩	小さじ1/4
こしょう	少々

作り方

① とうもろこしは実をそぎ落とし、牛乳と合わせてミキサーにかける。（飾り用の実を少し残しておく）
② ボウルに卵を割りほぐし、①、塩、こしょうを加えてよく混ぜ合わせる。
③ 耐熱の器に②を注ぎ入れてアルミホイルでふたをし、蒸気の上がった蒸し器に入れ、強火で2分加熱してから弱火にして13〜14分加熱する。（蒸し上がりの3分ほど前に飾り用の実をのせて一緒に蒸すとよい）

とうもろこしとチーズのケークサレ

生のとうもろこしがたっぷり入ったお惣菜ケーキ。
生のとうもろこしをそのまま加えて焼き上げるのがポイントです。カップに入れて焼くのもおすすめ。
朝ごはんやランチ、おやつなどにどうぞ。

材料（パウンド型1本分）

とうもろこし（生）	小2本（実で約300g）
チーズ（ゴーダやプロセスなど）	80g
卵（L玉）	1個
牛乳、生クリーム	各100mℓ

粉類

薄力粉	180g
ベーキングパウダー	小さじ1

合わせ調味料A

オリーブ油	大さじ2
砂糖	大さじ1
塩	小さじ1/4
こしょう	少々

下ごしらえ・準備

オーブンを180度に温め、型にオーブンシートを敷いておく。粉類は合わせてふるっておく。

作り方

① とうもろこしは実を包丁でそぎ落とし、飾り用に適量とっておく。チーズは1cm角に切る。
② ボウルに卵を割りほぐし、Aを入れて泡立て器でよく混ぜ合わせ、さらに牛乳と生クリームを加えてよく混ぜ合わせる。
③ ②に①を加えてゴムベラで混ぜ、最後に粉類を加えて切るように混ぜ合わせる。型に流し入れ、飾り用のとうもろこしをのせて180度のオーブンで約50分焼く。

枝豆

夏の盛りが過ぎ、少し秋めいてきたころにおいしくなるのが枝豆です。これを食べるといよいよ秋の訪れを感じます。枝豆は大豆の子ども。枝豆で食べる時期を逃すと硬く茶色くなっていきます（品種によっては黒くなるものも）。

わが家の畑ごよみ

枝からはさみで切って収穫

栽培メモ

特に肥料も必要なく、種を植えると伸びてくるので栽培が簡単な作物です。土に種を直接3、4粒ずつまき、本葉が出たころに大きい苗を2本だけ残して間引きします。背丈が高くなってきたら風で倒れないように土を寄せるか、簡単に支柱などを立てます。

とうもろこしと相性が良いので、わが家では枝豆ととうもろこしを隣同士に植えています。また、長く収穫が楽しめるよう種まき時期をずらしながら植えると、夏の終わりにいつでも枝豆をいただくことができます。枝豆の時期に収穫しないでそのまま完熟させると大豆として楽しめ、翌年植える種にもなります。

食べごろ

花が咲いてから1カ月ほどで葉っぱが黄色くなりはじめ、ぷっくりふくらんだ緑のさやが全体の8割以上になってきたら収穫の適期です。適期を逃すと、緑だったさやが黄色くなり、実が硬くなってしまいます。おいしい時期を見逃さないようにしましょう。

収穫は株ごと土から引き抜き、さやを枝からはさみで切り取りますが、大きく広がった葉を先に切り落としておくと作業がしやすくなります。

保存方法

とうもろこしと1、2位を争うほど鮮度が命。枝から採ったらすぐにゆでるのが一番甘みがあっておいしいので、収穫後はできるだけ早くゆでましょう。

すぐにゆでられない場合はポリ袋などに入れ、野菜室で保存します。食べきれないほど収穫した場合は、①さやつきで生のまま冷凍②ゆでてさやから出して粒で冷凍③ゆでた粒をペースト状にして冷凍――などの方法があります。①は凍ったままゆでればおいしくいただけます。

（左から）さやつきの生、ゆでた粒、ペースト

枝豆のみそ汁

枝豆のさやからだしが出るので、簡単にみそ汁が作れます。
初めて教えてもらった時は驚いたのですが、朝採りの枝豆で作る朝のみそ汁の味は格別。
今ではわが家の定番です。

材料（4人分）

枝豆(さや付き)	200g
水	600mℓ
みそ	大さじ3

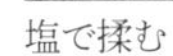
塩で揉む

湯で5分ほど煮るとだしが出る

作り方

① 枝豆は塩（少々、分量外）で揉み、軽く水洗いする。
② 鍋に湯を沸かし、①を加えて5分ほど煮る。
③ 豆が好みの硬さになったらみそを溶き入れる。

手軽に
もう一品

枝豆の生姜じょうゆ風味

ゆでたての枝豆を調味液に加えることで
味がよく染み込みます。
おつまみだけでなくご飯のお供にもぴったりです。

材料（2人分）

枝豆（さや付き）	200g
ごま油	小さじ2
しょうが（みじん切り）	20g
赤唐辛子（輪切り）	少々
しょうゆ、酢	各大さじ1

作り方

① 枝豆は塩揉みしてから4〜5分塩ゆでし、ザルにあげておく。
② フライパンにごま油、しょうが、赤唐辛子を入れて加熱し、香りが出たらしょうゆと酢を加え、ひと煮立ちさせて火を止める。
③ ②が熱いうちに①を加えてよく和え、20分ほどおいて味をなじませてからいただく。

漬け豆

道南に伝わる枝豆の漬物。
味の変化を長く楽しめるので、その年最後の収穫を仕込みます。

材料（作りやすい分量）

枝豆（さや付き）	300g

漬け汁A

水	300mℓ
塩	大さじ1
赤唐辛子	1〜2本
青しそ（好みで）	適量

作り方

① 枝豆は塩揉みしてから少し硬めに2〜3分塩ゆでする。
② 容器にAを入れてよく混ぜ合わせておく。
③ ゆで上がった①の水気をよく切り、②に加えて漬け込む。2〜3日たって味がなじんできたら食べごろ。味の変化を楽しみながら2週間〜1カ月程度いただける。

枝豆のフムス

ペースト状のフムスは中東の伝統料理。
パンやサラダなどと合わせて食べると
格別のおいしさです。

材料（2人分）

枝豆（ゆでむき実）	100g
塩、こしょう	各少々
クミンシードパウダー	適量

合わせ調味料A

オリーブ油	大さじ2
レモン汁	小さじ1
ヨーグルト（無糖）	小さじ1
にんにく（すりおろし）	少々

作り方

① 枝豆のむき実とAをフードプロセッサーでなめらかになるまで攪拌（かくはん）する。
② ①を取り出し、塩、こしょうで味をととのえ、好みでクミンシードパウダーをふる。

グリーンファラフェル（枝豆のコロッケ）

ファラフェルは中東の揚げ物。
きつね色のコロッケを割ると、中から鮮やかなグリーンが！
ビールやワインのおつまみにもぴったり。ぜひ揚げたて熱々を楽しんでください。

材料（8個分）

枝豆（ゆでむき実）	200g
玉ねぎ	1/4個
にんにく	小1片
カレー粉（またはガラムマサラ）	小さじ1/2
塩	小さじ1/4
小麦粉	適量
揚げ油	適量

作り方

① フードプロセッサーに枝豆のむき実、玉ねぎ、にんにく、カレー粉、塩を入れて攪拌（かくはん）し、ペースト状になる少し手前で止める。
② ①を取り出し、8等分にして丸める。
③ 揚げる直前に②にしっかり小麦粉をまぶし、180度に熱した油で時々転がしながらきつね色になるまで揚げる。

ハーブ類

わが家で育てているハーブはチャイブ、ミント、バジル、セージ、オレガノ、ローズマリー、和風の青しそ、赤しそ、みょうが、スパイスの唐辛子など。フレッシュなものは香りが良く、料理を引き立ててくれます。

わが家の畑ごよみ

3月	
4月	
5月	定植
6月	定植
7月	収穫
8月	収穫
9月	収穫
10月	収穫
11月	

種まき　定植　収穫

栽培メモ

ハーブにはいろいろな種類があるので、お好みのものを見つけて楽しんでみるとよいでしょう。チャイブやミント、セージ、オレガノ、ローズマリーなどの多年草は、一度植えると毎年楽しめます。

ローズマリーは北海道では野外では越冬できないので、秋の終わりごろに鉢に植え替えて室内で越冬させます。

バジル、青しそ、赤しそ、唐辛子などの一年草は、毎年必要に応じて育てましょう。種から育てられるハーブもたくさんありますが、初めての場合は苗で植えるほうが失敗が少なくおすすめです。

コンパニオンプランツ（一緒に植えると良い影響がある植物）として、バジルはトマトと混植すると生長が良くなります。また青しそ、赤しそはなすと混植すると良いので、わが家では毎年一緒に植えています。バジルやしそは、混植すると畑を有効に使えて、他の作物の生長にも良いので一石二鳥です。

相性の良いバジルとトマトを混植

食べごろ

それぞれ時期は異なりますが、春から秋にかけて比較的長くゆっくり楽しめるものが多く、必要に応じて収穫して楽しみましょう。

バジルは花が咲く前に花芽を切ると、脇から再び葉が出てくるので、夏の間じゅう何度も収穫できます。唐辛子は、青い未熟のものからだんだん色づいて赤く完熟するまで、それぞれに味わいがあります。用途に応じてちょうど良い時期に収穫しましょう。

青い唐辛子は辛味を生かす調理に

保存方法

枝ごとはさみで切り、水を入れたグラスなどに挿しておくか、濡らしたペーパータオルの上にのせてポリ袋で包み冷蔵庫に入れると、約1週間は鮮度が保てます。

たくさん収穫したハーブは、乾燥させて保存するのもおすすめです。また、バジルはソースにして冷凍保存すると鮮やかな色を保つことができます。

濡らしたペーパータオルにバジルの葉をのせ、ポリ袋で包み冷蔵庫へ

フレッシュハーブティー

ホットでもアイスでもおいしくいただけるフレッシュのハーブティー。
乾燥ものにはない爽やかさと香りが楽しめます。
専用のポットがなくても、耐熱のグラスやマグカップに
葉をバサッと入れてお湯を注ぎ、ぎゅーっと押し付けて抽出します。

材料（2人分）

ハーブ（好みのもの。今回はフレッシュミントの葉）	1カップ程度
はちみつ、砂糖、レモン	好みで適量

作り方

① ミントは洗って汚れや虫食いの葉を取り除き、適当な長さにちぎる。
② 耐熱のグラスやカップにミントを入れ、お湯を注ぐ。
③ スプーンなどで軽く押して2分ほどおき、お湯の色が変わり好みの濃さになったらはちみつや砂糖、レモンなどを加えていただく。

スプーンなどで押して抽出

バジルペースト

一斉に収穫してまとめてペーストにしておけば、
パスタやサラダ、リゾットに使ったり、ソースとしても重宝します。
すぐに使わない場合は、100g程度に小分けしてフリーザーバッグに入れ冷凍しておくとよい。

材料（作りやすい分量。できあがり300g程度）

バジルの葉（生）	約100g
にんにく	1〜2片
松の実	30g
オリーブ油	150mℓ
パルメザンチーズ（粉）	40g

作り方

① バジルの葉は汚れや虫食いなどを取り除いてきれいにしておく。
② フードプロセッサーに①、にんにく、松の実、オリーブ油、パルメザンチーズを入れて攪拌（かくはん）し、なめらかなペースト状にする。

青唐辛子の三升漬け

冷奴にかけたり、刺身につけたり、
お茶漬けやチャーハンにもと幅広く活躍する調味料。
青唐辛子の辛さによって味が変わるので、好みで調節を。

材料（作りやすい分量）

青唐辛子（生）	1カップ（70g程度）
麹	1カップ（100g程度）
しょうゆ	1カップ

作り方

① 青唐辛子はへたを切り落とし、小口切りにする。
② 清潔な容器に①、ほぐした麹、しょうゆを入れてよく混ぜ合わせる。3カ月ほどおいて味がなじんだころから、冷蔵庫で1年ほど楽しめる。

グリーンカレーペースト

旬の青唐辛子を使ったペースト。
タイ料理のグリーンカレーのほか、
スープや炒めご飯などにも使えます。
青唐辛子の辛さによって味が変わるので、好みで調節を。

材料（作りやすい分量。出来上がり約140g）

		合わせ調味料A	
青唐辛子（生）	5本		
玉ねぎ	1/4個	塩、油、コリアンダー（パウダー）	各大さじ1/2
しょうが	小1片	ガラムマサラ	小さじ1/2
にんにく	1片	レモン汁	小さじ2

作り方

① 青唐辛子はへたを切り落として粗く刻む。
② 玉ねぎ、しょうが、にんにくも粗く刻む。
③ ①、②、Aをフードプロセッサーに入れて攪拌（かくはん）し、なめらかなペースト状にする。

夏野菜いっぱいのグリーンカレー

作りおきのグリーンカレーペーストがあれば、
素材を切って煮込むだけでグリーンカレーが簡単にできます。
野菜は好みで、鶏肉の代わりにラム肉やえび、タラなどでもおいしい。

材料（4人分）

グリーンカレーペースト（P72）	140g
ズッキーニ	1本
なす	2本
パプリカ（赤）	1/2個
玉ねぎ	1/2個
鶏もも肉	2枚
塩、こしょう	各少々
油	大さじ1
ココナッツミルク	1缶（400mℓ）
砂糖	大さじ1
ナンプラー	大さじ2
ライムリーフ（こぶみかんの葉、あれば）	適量

作り方

① 野菜はそれぞれ食べやすい大きさに切る。
② 鶏もも肉は余分な脂身などを取り除いて一口大に切り、塩、こしょうする。
③ 鍋に油とグリーンカレーペーストを加えて炒め、香りが出たら②を加えて炒める。
④ 鶏肉の色が変わったら①の野菜を入れてざっと炒め、ココナッツミルク、水（200mℓ）、ライムリーフを加えて煮る。
⑤ 野菜が柔らかく煮えたら、砂糖とナンプラーを加えて味をととのえる。

秋から冬

大地の恵みに感謝

とうもろこしと枝豆のおいしい季節が終わると、朝晩急に涼しくなり、虫の声が聞こえはじめる。青々としていた畑も少しずつ枯れはじめ、お月見に枝豆で作ったずんだのお団子をいただくと、畑もそろそろ終盤戦だ。

秋の畑のお楽しみは土の中が多い。さつまいもに大根、にんじん、長ねぎ、ヤーコン…どれも土の中でじっくり育っておいしくなる。食べごろを見極めて掘り出す時はいつもドキドキワクワク。一粒の種やひとつの苗からたくさんの作物がうまれる。「大地の恵みに感謝」という言葉を実感する秋の実りです。

やがて霜が降り、畑仕舞いも終わるころ、雪の便りが聞こえはじめる。朝起きると一面真っ白な雪景色になっていたり、それがまた解けたりを繰り返して、本格的な冬がはじまる。冬の間、畑はゆっくり休んで養分をたくわえ、また迎える新しい季節に向けて準備をしているように思える。

お疲れ様、また来年もよろしくね。

9月30日　畑も秋色に。朝の農作業の時間も短くなってきた

10月7日　冷え込んだ朝、ヤーコンの花が優しく咲いていた

12月3日　雪が降り、収穫が残っていた紅大根を掘り出した

秋から冬

カメラ、ときどき畑

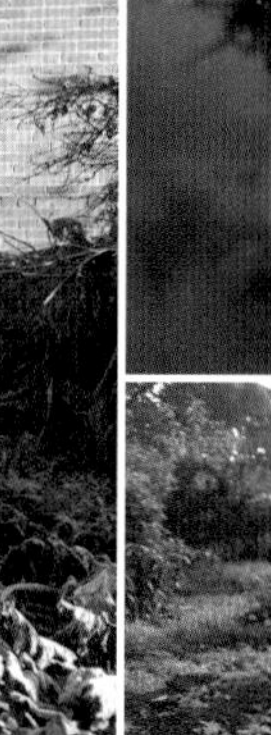

1 9月25日
かぼちゃの収穫

2 9月25日
トマトも終わりが見えてきた

3 9月27日
ヤマイモのむかごを収穫

4 9月28日
「むかごごはん」と、枝豆を使ったずんだ餅。どちらも自家製です

5 9月29日
小松菜とほうれん草の間引き

6 9月30日
ひまわりが種になる

7 10月2日
トマトを片づける

8 10月9日
さつまいも掘り

9 10月14日
にんにくを植える

10 10月14日
収穫した白花豆を乾燥させる

11 10月14日
なすやピーマンも終わり

12 10月25日
霜が降りた

13 10月26日
来年用の種や唐辛子などを乾燥させる

14 10月27日
収穫したヤーコンの茎塊は、もみ殻を入れた発泡スチロールに保存

15 10月27日
落花生の収穫。早速ゆでて食べてみた

16 11月11日
ハスカップ、ブルーベリーの冬囲い

17 11月24日
小松菜、ほうれん草の収穫

18 11月24日
残っていた長ねぎなどを収穫して畑仕舞い

19 12月3日
早くも雪が。採り残していた紅大根を慌てて収穫

20 12月27日
乾かしておいた白花豆の殻をむいて選別

21 1月1日
元旦の静かな畑

22 1月1日
畑の野菜を使ったおせち

23 2月3日
わが家の豆で豆まき

24 2月4日
冬の畑で子供たちが雪遊び

25 2月18日
寒い日は子供と一緒に春からの畑のレイアウトを考える

26 3月19日
お友達を呼んで雪の下からにんじんを掘り出しました

27 3月24日
キッチンの窓からハクチョウたちにごあいさつ

28 3月25日
ブルーベリーの冬囲いを外して、今年も畑作業の始まり

29 3月27日
畑の雪も解けてきた

じゃがいも

じゃがいもの花の色は品種によって違うというのを知ったとき、なんだかうれしかったことを覚えています。秋から冬の食卓に欠かせないじゃがいも。品種によって味わいや用途が違うので、毎年何種類か植えています。

わが家の畑ごよみ

3月	
4月	植え付け
5月	植え付け
6月	
7月	収穫
8月	収穫
9月	
10月	
11月	

栽培メモ

いろいろな栽培方法を試しながらやっていますが、今年はマルチを張って栽培してみました。畝に黒マルチを張ってじゃがいもを植え付けると、雑草を抜いたり土寄せをしたりする手間が省けます。その後は芽かきをする以外、ほとんど手をかけなくても育ってくれました。

マルチを張ったじゃがいも畑

食べごろ

種芋の植え付けから3カ月ほどで花が咲き終わり、葉や茎が枯れてきたら収穫のサインです。天気の良い日に周りの土を軽く掘り起こしてから茎を引き抜くと、大小たくさんの芋が顔を出します。芋掘りは子どもも大好きです。一緒に手伝ってもらいましょう。土の中に残っている芋もあるので、手でよく掘って、残っていないか確認します。掘り起こした後は、日陰で2、3日十分に乾燥させてから保存します。乾燥させることで、殺菌や防除の効果が生まれます。

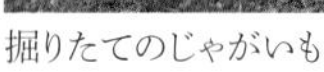

掘りたてのじゃがいも

芋掘りは秋のお楽しみ

保存方法

じゃがいもは収穫してから半年ほど保存がきくとても優秀な作物です。十分に乾燥させてから、風通しの良い暗所で、コンテナや段ボールなどに入れて保存します。4～5度くらいが最も保存に適した温度。春が近くなると気温の上昇とともに芽が出てくるので、早めに食べきりましょう。

せっかく収穫したじゃがいもを日光に当てたまま乾燥させると緑色に変色し、ソラニンという毒性のある成分が増します。じゃがいもの芽に含まれる毒素も食中毒の原因になるので注意しましょう。その場合、緑色の皮は厚めにむき、芽の周りをしっかり取り除きます。また、未熟なじゃがいもで苦味やエグ味を感じるものは食用には向きません。

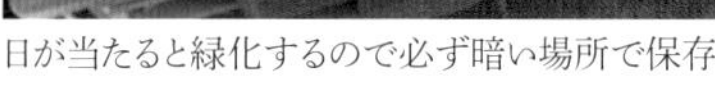

日が当たると緑化するので必ず暗い場所で保存

厚焼きポテト

厚く切って焼いたじゃがいもは、中はホクホク、外はカリッとして、じゃがいものおいしさがよく味わえます。
塩、こしょうのほか、バターしょうゆ味やスパイス味、照り焼き風に、
またバターと砂糖でスイーツ風になどいろいろ楽しめます。

材料（2人分）

じゃがいも	中2〜3個
油（米油がおすすめ）	大さじ1
塩、こしょう	各少々

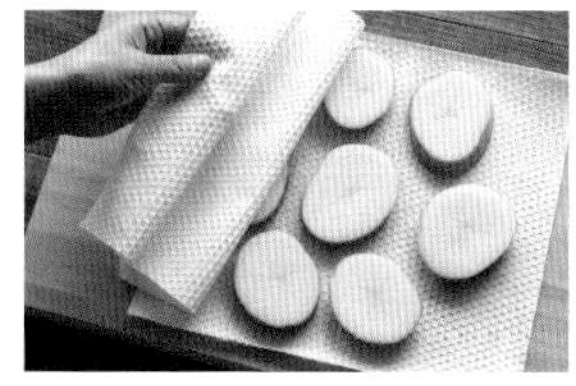

水気をよく拭く

ふたをして焼くとホクホクに

作り方

① じゃがいもはよく洗い、両端を切り落として皮付きのまま3〜4等分の輪切りにし、水にさらしてからよく水気を拭く。
② フライパンに油を熱し、①を並べて中火で焼く。
③ 片面がこんがり焼けたら裏返してふたをし、やや火を弱めて6〜7分焼く。
④ 中まで火が入ったらふたを取って火を強めて水分をとばし、塩、こしょうで味付けする。

シャキシャキたらもサラダ

じゃがいもといえばホクホクした食感が魅力ですが、
新じゃがの季節はみずみずしい
シャキシャキ食感で楽しむのもおすすめです。

材料（2人分）

じゃがいも	小2個（約250g）
たらこ	30g
マヨネーズ、ヨーグルト	各大さじ1
塩、こしょう	各少々
青のり	適量

作り方

① じゃがいもはよく洗い、皮付きのまま太めの千切りにして水にさらす。
② 鍋に湯を沸かして塩少々（分量外）を加え、水気を切った①を加えて1〜2分ほどゆでる。
③ ②を冷水に取ってざるにあげ、よく水気を拭く。
④ 皮を取り除いたたらこ、マヨネーズ、ヨーグルトをボウルに入れてよく混ぜ合わせ、③を加えて和え、塩、こしょうで味をととのえ、青のりをちらす。

オイスター風味の煮っころがし

小芋は皮をむくのが面倒なので、
皮が柔らかい新じゃがのうちに皮ごと煮込んでしまいましょう。
オイスターソースとの組み合わせはご飯がすすむおいしさです。

材料（2人分）

じゃがいも（あれば小芋）	500g

合わせ調味料A

水	200mℓ
オイスターソース	大さじ2
しょうゆ、砂糖	各大さじ1

作り方

① じゃがいもはよく洗い、皮付きのまま一口大に切って水にさらす。
② 水気を切った①とAを鍋に入れてふたをし、中火にかける。
③ 沸いてきたら火を少し弱め、10分ほど煮る。
④ 芋が柔らかく煮えたら、ふたを取って煮汁を煮詰める。

秋の楽しみ

スープにグラタン、コロッケ……ポテトペーストが大活躍！

夏の終わりから秋の始まりにかけて収穫するじゃがいもは、小さなものから大きなものまでいろいろ。収穫の際に割れてしまったものや傷みが目立つもの、春の訪れとともに芽を出し始めて早く食べ切ってしまいたい時……。そんな時は傷や芽などを取り除き、ポテトペーストを作っておくのがおすすめです。フリーザーバッグに小分けして冷凍保存もできます。

このペーストがあれば、ポテトサラダにポテトスープ、コロッケにグラタン、いも団子などなどが手軽に作れます。

作りやすい分量

じゃがいも ……… 2kgくらい
（好みの量でよい。品種によって煮え方が異なるので、種類を混ぜずに作る）

作業の流れ

① じゃがいもは洗い、傷や芽があれば取り除き、皮をむいて一口大の乱切りにし、水にさらしておく。
② ザルにあげた①と新しい水を鍋に加えてゆでる。
③ じゃがいもが柔らかくなったら、ザルにあげて水気を切る。
④ 鍋に③を戻して中火にかけ、ヘラなどでかき混ぜ、粗くつぶしながら水分をよくとばし、粉吹き状にする。
⑤ 火を止めて、マッシャーなどを使ってペースト状にする。（量が多い場合は少しずつボウルなどに移し、その都度つぶすとムラなくできる）
⑥ すぐに使わない分は、フリーザーバッグに小分けして冷凍する。（およそ500gずつ小分けしておくと便利）

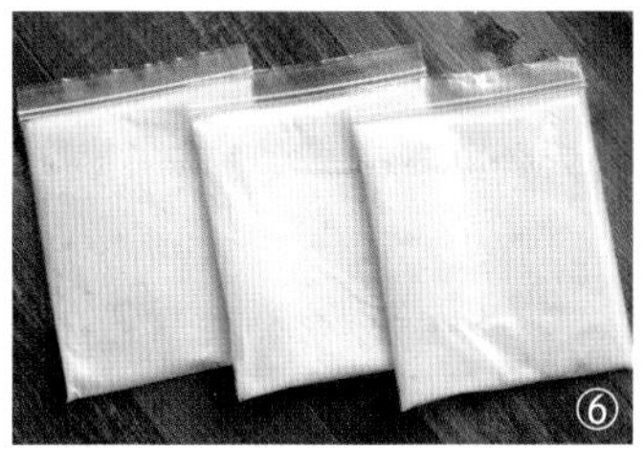

冷凍したポテトペーストを解凍して使う場合、そのままだと水っぽくて食感がいま一つ。そこでちょっとひと手間。自然解凍したポテトペーストをフライパンや鍋にあけて加熱し、ヘラなどで炒るようにして余分な水分をとばし粉吹き状にする。それを料理に使えば、出来たてのペーストを使ったような味わいが楽しめます。

田舎仕立てのポテトスープ

ポテトペーストがあればスープもお手軽に。
バターと塩麹を加えると味に深みが出ます。
軽く残ったじゃがいもの食感で
素朴な味わいが楽しめるのが田舎仕立てのスープ。
よりなめらかな食感にしたい場合は
ミキサーなどにかけて仕上げるとよいでしょう。

材料（4人分）

ポテトペースト（P81）	300g
牛乳	200㎖
バター	10g
塩麹	大さじ1
塩、こしょう	各少々

作り方

① ポテトペーストに牛乳を加え、よくかき混ぜながら温める。
② ①にバターと塩麹を加えてよく混ぜ合わせ、塩、こしょうで味をととのえる。

じゃがいもと鮭のみそクリームグラタン

生クリームとみそを組み合わせたソースを使えば、
コクがあっておいしいグラタンが簡単に出来上がります。
みそがよく溶けていないと味にムラができるので、
しっかり溶かしてからかけましょう。

材料（4人分）

塩鮭（甘口、切り身）	1切れ
ポテトペースト（P81）	400g
とうもろこし（ゆでた実）	60g
塩、こしょう	各少々
生クリーム	100㎖
みそ	大さじ1/2
シュレッドチーズ	60g
パン粉	大さじ2

作り方

① 塩鮭はグリルなどで焼き、身を粗くほぐしておく。
② ポテトペーストにとうもろこし、①、塩、こしょうを加えてよく混ぜ合わせ、耐熱の器に入れる。
③ 生クリームとみそをよく混ぜ合わせて②にかけ、シュレッドチーズとパン粉をちらしてグリルやオーブントースターなどで軽く焦げ目がつくまで10〜15分ほど焼く。

肉巻きポテトコロッケ

ポテトとチーズを豚肉で巻いて作るごちそうコロッケは、お弁当のおかずやおつまみにもぴったり。
たくさん作り過ぎて残ってしまったポテトサラダをリメイクして作ったところ、
家族に大好評でわが家の定番になりました。
揚げたて熱々に、お好みでソースやしょうゆをかけてお召し上がりください。

材料（4人／12個分）

ポテトペースト（P81）	500g
マヨネーズ	大さじ2
ベビーチーズ	4個
豚肉（しゃぶしゃぶ用）	12枚
塩、こしょう	各少々
小麦粉	大さじ2
卵	1個
パン粉	1カップ
揚げ油	適量

作り方

① ポテトペーストにマヨネーズ、塩、こしょうを加えて下味をつけ12等分にする。
② ベビーチーズを3等分の拍子木切りにしてそれぞれ①で包み、俵形にまとめる。
③ 豚肉を広げて②を巻き、軽く塩、こしょうする。
④ ③に小麦粉、溶き卵、パン粉の順に衣をつける。
⑤ 170度に熱した油できつね色に揚げる。

かぼちゃ

かぼちゃの苗は一番広い場所に植えますが、あっという間につるが伸び、大きな葉で埋め尽くされ、つるの先はどこまで行くのやら……。葉っぱに隠れた小さな果実の様子で生育を確認するのも日々の楽しみの一つです。

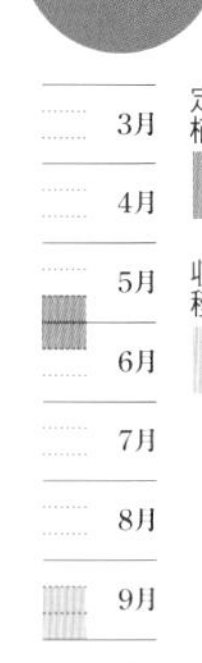

栽培メモ

品種にもよりますが、苗を植え付ける畑は、株間90cm以上、畝(うね)幅2〜3m以上と広めで高畝にします。

病気や雑草防止のためマルチを張って苗を植え、周囲にシート（敷き藁(わら)）を敷いて、実が直接地面につかないようにします。

整枝はいろいろな方法がありますが、わが家では親づる1本+小づる1本で仕立て、伸びてほしい方向にピンでとめて誘引します。伸び過ぎると手がつけられなくなってしまうので、早めに整枝するとよいでしょう。暖かくなってくると葉にうどん粉病などが発生するので、苦土石灰(くどせっかい)を水で薄めたものを噴霧器やジョウロで散布して防除しています。

シートを敷いた上につるを伸ばしていく

夏に咲く鮮やかなかぼちゃの花

食べごろ

苗の植え付けから2〜3カ月で花が咲いて実がなります。花が咲いてから40〜50日後、実がある程度の大きさに育ち、皮が硬くなり、なり口がコルク状になってきたら収穫適期です。なり口をナイフやはさみで切り離し、風通しの良い日陰に置いて乾燥させ、熟成させます。

なり口がコルク状になったら2cmほど残してカット

保存方法

かぼちゃは硬い皮に覆われ傷がつきにくいので、長く保存できる野菜の一つです。品種にもよりますが、収穫してすぐは甘みが少なく、時間が経つとともに増してきます。ただし水っぽくなってくるので、収穫後1〜2カ月が食べごろです。保存の際は種とワタを取り除き、すぐに食べないものは切り口をラップでしっかり包み、できるだけ早く食べ切りましょう。

種とワタを除き、ラップで包んで野菜室へ

かぼちゃの塩麹蒸し煮

塩麹がかぼちゃの甘みを引き出してまろやかな味に仕上がります。
熱々にバターを添えていただくのもおすすめ。
下味がついているので、つぶしてペースト状にしておけば、
スープやサラダ、かぼちゃ団子などにアレンジできます。

材料（作りやすい分量）

かぼちゃ	1/4個
水	100mℓ
塩麹	大さじ1
黒ごま、バター	適量

水と塩麹をよく混ぜる

皮を下にして並べる

ふたをして柔らかくなるまで加熱する

作り方

① かぼちゃは一口大に切る。
② 鍋に水と塩麹を入れてよく混ぜ合わせ、①を皮を下にして並べ、ふたをして加熱する。
③ 沸いてきたら少し火を弱め、中弱火で7〜8分ほど柔らかくなるまで加熱する。好みで黒ごまをふり、バターを添えていただく。

かぼちゃの唐揚げ

塩麹蒸し煮を使ったアレンジ料理。
甘辛い味付けがご飯によく合い、やみつきに！

材料（2人分）

かぼちゃの塩麹蒸し煮（P85）	250g
しょうゆ、酒	各小さじ2
片栗粉	大さじ2
揚げ油	適量

作り方

① かぼちゃの塩麹蒸し煮に、しょうゆ、酒をまぶして15分ほどおく。
② ①の汁気を切って片栗粉をまぶし、180度に熱した油でからりと揚げる。

かぼちゃ団子のトッポギ風

北海道の郷土料理・かぼちゃ団子を韓国風にアレンジ。
いつもの食べ方に飽きたら試してほしい一品です。
かぼちゃのペーストは、レンジで加熱してつぶしたものでもOKです。

材料（2人分）

かぼちゃペースト（P85の蒸し煮をつぶしたもの）	300g
片栗粉	50g
ごま油	大さじ1

合わせ調味料A

コチュジャン、砂糖、酒	各大さじ1・1/2
しょうゆ	大さじ1/2
水	90mℓ

すりごま、小ねぎ	各適量

作り方

① かぼちゃペーストに片栗粉を加えてよく練り合わせる。（片栗粉の分量はかぼちゃの水分量に応じて調節を）
② ①を直径2cmの棒状にまとめ、1cm厚さの斜め切りにする。
③ フライパンにごま油を熱し、②を入れて返しながら両面をこんがり焼く。
④ 中まで火が入ったらAを加えて味をからめ、仕上げにすりごまと小ねぎの小口切りをちらす。

かぼちゃ団子のニョッキ風

かぼちゃの優しい甘みが楽しめるおしゃれな一皿。
ちょっとしたランチにもぴったりです。

材料（2人分）

かぼちゃペースト（P85の蒸し煮をつぶしたもの）	300g
片栗粉	50g
バター	10g
牛乳	大さじ4
パルメザンチーズ（粉）	小さじ2
塩、こしょう	各少々

作り方

① かぼちゃペーストに片栗粉を加えてよく練り合わせる。（片栗粉の分量はかぼちゃの水分量に応じて調節を）
② ①を一口大にちぎって丸めてつぶし、沸騰した湯に入れてゆで、浮いてきてからさらに2分ほどゆでる。
③ フライパンにバターを熱し、牛乳、パルメザンチーズを加えてよく混ぜ合わせて溶かし、ゆで上がった②を加えてよく味をからめ、塩、こしょうで味をととのえる。

坊ちゃんかぼちゃの丸ごとチーズフォンデュ

かぼちゃのペーストが入ったチーズフォンデュは、
かぼちゃの甘みとうまみが後を引くおいしさです。
ホットプレートで温めながらいただきましょう。かぼちゃの器も食べられます。

材料（4人分）

坊ちゃんかぼちゃ（ミニかぼちゃ）	1個（400～500g）
シュレッドチーズ	100g
牛乳	60㎖
パン、ソーセージ、ゆで野菜 （にんじん、じゃがいも、ブロッコリーなど好みで）	各適量

作り方

① 坊ちゃんかぼちゃはよく洗い、水分がついたままラップで包み、電子レンジ（600W）で4～5分ほど加熱する。
② ①がほどよく柔らかくなったら冷まして、上1/3から切り分け、中の種とワタを取り除き、内側の厚さ5～7mmを残して実を60～80g取り出す。
③ 取り出した実の部分はフォークなどでつぶしてペースト状にする。
④ 小鍋にシュレッドチーズ、牛乳、③を入れて加熱し、溶けたら、くり抜いた坊ちゃんかぼちゃに入れる。
⑤ 好みのパンやソーセージ、ゆで野菜を④につけながらいただく。

玉ねぎ

植えたばかりの玉ねぎの苗はか細くて、風が吹けば倒れていないか、雨が降れば流されていないかと心配になりますが、やがてたくましく根を張って、夏の終わりには丸々と立派な玉ねぎに生長してくれます。

定植 3月〜4月
収穫

3月
4月
5月
6月
7月
8月
9月
10月
11月

栽培メモ

わが家の畑で最初に植え付けるのが玉ねぎとじゃがいもです。まだ寒い時期で、家庭ではなかなか育苗が難しいため、苗店やホームセンターなどで苗を購入して植えています。

雑草取りの手間を考えて畑にマルチを張り、5月上旬に植え付けます。植えた当初は苗が小さく、雨が降らないと乾燥して枯れてしまうことがあります。毎日様子を見て、乾燥が続くようならこまめに水やりしましょう。

玉ねぎの苗

食べごろ

苗の植え付け後、まずは葉の部分が生長し、そのあと球が大きくなります。玉ねぎ畑全体の葉が倒れて枯れ始めたら、葉をつかんで引き上げ、根を切る「根切り」という作業をします。これで生育を止めて乾燥させます。

根切り処理のあとはそのまま畑で乾燥させ、葉がすっかり枯れて、切っても水分が出なくなったら収穫します。葉と球の間が完全に乾いてから葉を切った方が腐りにくくなります。いずれも、乾燥しやすい天気の良い日を選んで作業しましょう。

球がふくらみ、葉が倒れ始めた玉ねぎ畑

根切りをして並べ、十分に乾燥させる

保存方法

玉ねぎは貯蔵性に優れ、上手に保存すると春先まで楽しむことができます。しっかり乾燥させて葉の部分や傷んだ外皮を取り除き、風通しの良い直射日光の当たらない場所で保存しましょう。

わが家では、取り出しやすいように小分けにし、ネットなどに入れて保存しています。冷暗所に置いていても、春の訪れを察知してか芽が出てきます。早目に食べ切るようにしましょう。

湿気があると腐りやすいので、ネットなどに入れて保存

焼き玉ねぎのサラダ仕立て

玉ねぎがたくさん手に入った時や、春先に芽が出てしまいそうなものがあれば迷わず試していただきたい一品。
じっくり焼いた玉ねぎはじんわり甘く、1～2個はあっという間にいただけます。
残ったら、食べやすい大きさに切って冷凍しておくと、いろいろな料理に重宝します。

材料（作りやすい分量）

玉ねぎ	小8個
オリーブ油	大さじ2～3
塩	適量
ハーブ（ローズマリーなどあれば）	適量
ドレッシング	
オリーブオイル	大さじ2
粒マスタード	大さじ1
しょうゆ、酢	各小さじ1
塩、こしょう	各少々

下ごしらえ・準備

オーブンを160度に温めておく。

作り方

① 玉ねぎは外皮を1枚ほど残して皮をむき、縦半分に切る。芽があれば取り除いておく。
② 天板にオーブンシートを敷き、①の切り口を上にしてオリーブ油を回しかけ、塩をふってから裏返す。
③ 160度のオーブンで、切り口があめ色になるまで60～70分ほど焼く。焼き上がったら好みの大きさに切り分けて器に盛り、ドレッシングをかけていただく。

切り口を上にしてオリーブ油をまわしかける

裏返す

切り口があめ色になるまで焼く

焼き玉ねぎを使って
手軽にもう一品

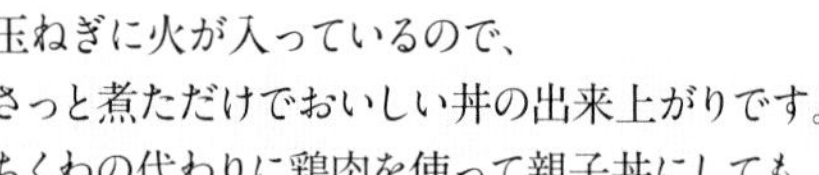

焼き玉ねぎとちくわの卵丼

玉ねぎに火が入っているので、
さっと煮ただけでおいしい丼の出来上がりです。
ちくわの代わりに鶏肉を使って親子丼にしても。

材料（2人分）

焼き玉ねぎ（P89）　2個分
ちくわ　2本

煮汁A
- 水　100mℓ
- 砂糖、みりん、しょうゆ　各大さじ1/2

卵　2個
ご飯　丼2杯分
青ねぎ（好みで）　適量

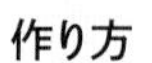

作り方

① 焼き玉ねぎは皮を取り除いて櫛(くし)形に切る。ちくわは縦半分に切ってから5mm幅の斜め切りにする。
② 鍋にAを入れて煮立て、①を加えて5分ほど煮る。
③ ②に溶き卵を回し入れてふたをし、好みの硬さに仕上げる。
④ 丼にご飯を盛り、③をかけて青ねぎをちらす。

焼き玉ねぎの梅おかか和え

焼いて甘みが増した玉ねぎに、
梅とポン酢のさっぱりした風味がよく合います。
箸休めにどうぞ。

材料（2人分）

焼き玉ねぎ（P89）　2個分
梅干し　1個
削り節　2g
ポン酢　小さじ2

作り方

① 焼き玉ねぎは皮を取り除き、櫛(くし)形に切る。
② 梅干しは種を取ってたたき、削り節、ポン酢とともにボウルに入れてよく混ぜ合わせ、①を加えてよく和える。

焼き玉ねぎとアンチョビのトースト

よく焼いた玉ねぎとアンチョビの組み合わせが絶妙で、
ランチや、ワインのおつまみにぴったり。
クリスピータイプのピザ生地などにのせて焼くのもおすすめです。

材料（2人分）

焼き玉ねぎ（P89）　2個分
食パン（8枚切り）　3枚
マヨネーズ　大さじ2
アンチョビ（ペースト）　大さじ2
オリーブ（種抜き、黒）　9個
パルメザンチーズ（粉）　大さじ1
ブラックペッパー　少々

作り方

① 焼き玉ねぎは皮を取り除き、櫛(くし)形に切る。
② 食パンにマヨネーズとアンチョビを順にぬり、①を等分にしてのせる。
③ ②に輪切りにしたオリーブ、パルメザンチーズ、ブラックペッパーをちらし、オーブントースターで軽く焦げ目がつくまで焼く。焼き上がったら、好みの大きさに切り分けていただく。

オニオンフラワーフライ

丸ごとの玉ねぎが、花が開いたように見える豪華な一品。
玉ねぎを切るのに少しコツがいりますが、割り箸を使えば簡単にできます。
見た目もインパクトがあるのでパーティーなどにぴったり。
残ったら、切り分けてスープの具にするのもおすすめです。

材料（3〜4人分）

玉ねぎ	中2〜3個
小麦粉	大さじ1
卵（M玉）	1個
水	50mℓ
にんにく（すりおろし）	少々

衣A

小麦粉	大さじ4
片栗粉	大さじ3
カレー粉	小さじ1
塩、こしょう	各少々

揚げ油	適量
ケチャップ、パセリ、レモン	適量

作り方

① 玉ねぎは皮をむき、放射状に12等分に切る。（根元を切りはなさないよう、割り箸で挟むように置いて切るとよい）
② ①を花が咲くように1枚ずつはがして開き、茶漉しなどを使ってまんべんなく小麦粉をまぶす。
③ ボウルに卵を割りほぐし、水とにんにくを加えて混ぜ、さらにAを加えてよく混ぜ合わせる。
④ ②の全体に③をまぶし、180度に熱した油できつね色に揚げる。よく油を切ってから器に盛り、好みの大きさに切り分け、ケチャップなどをつけていただく。

にんじん

夏のカラフルな野菜の収穫が終わり、地味になりがちな秋冬の食卓に鮮やかに彩りを添えてくれるのがにんじんです。おいしくて栄養満点、色もきれいと三拍子そろったにんじんは、毎日食べても飽きません。

わが家の畑ごよみ

種まき
収穫
（春掘り）
3月
4月
5月
6月
7月
8月
9月
10月
11月

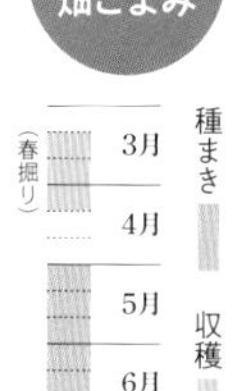
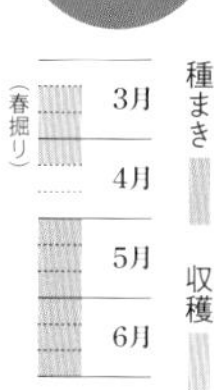
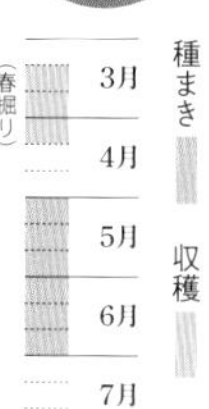

栽培メモ

にんじんは、種をまいて発芽するまで乾燥させないことが肝心です。にんじんの種は太陽の光を感知して発芽するため、かぶせる土は1cmほどと薄く覆う程度にします。土が乾燥しやすくなるので、こまめな水の管理が必要です。発芽するまで10日から2週間ほどかかりますが、雨のない日は毎日畑をチェックし、乾燥していれば水やりをします。

芽が出てしまえば放ったらかしでも大丈夫。あとは生長に合わせて間引きし、周りの雑草も抜きます。

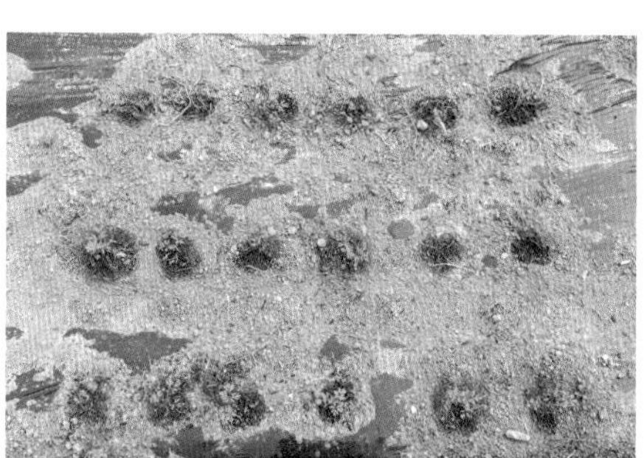

芽が出たばかりのにんじん畑

食べごろ

種から植えたにんじんは、途中で間引きして大きくしていきます。間引きにんじんも、その都度おいしくいただきましょう。

芽を出して4カ月ほどで葉が生い茂り、根の部分が盛り上がってきます。適当な大きさ（200gぐらい）になったら収穫適期。大きくなりすぎると割れたり硬くなったりするので、時期を逃さず早目に収穫しましょう。

葉の下部を持って一気に引き抜く

収穫後はすぐ葉と根を切り離す

秋に掘り上げたにんじん

保存方法

葉の部分を切り落とし、長く保存したい場合は水洗いせずに新聞紙などに2～3本ずつ包み、風通しの良い涼しい場所に立てて保存します。

水洗いしたものはペーパータオルなどに包んでポリ袋に入れ、冷蔵庫の野菜室で保存し、1週間を目安に食べ切るようにしましょう。

切り落とした葉もおいしくいただけます。ゆでてお浸しやごま和えにしたり、ソテーしたりといろいろ楽しめますが、私のお気に入りはカリッと揚げた「かき揚げ」です。

一口メモ

冬、雪の多い地域では、秋に大きくなったにんじんを畑に植えたまま越冬させ、春になってから収穫することができます。雪が降る前に、土から出ている部分があれば土をかけておきます。春、ふきのとうが顔を出しはじめ、畑の雪が解けるころに掘り上げると、一味違うフルーティーな味わいが楽しめます。植えたままという手軽さもあり、わが家では春一番の楽しみになっています。

ひと冬越した春掘りにんじん

にんじんのみりん煮

にんじんをみりんで煮ることでうまみが増し、
さらにほんのりした甘みがにんじんのおいしさを引き立てます。
そのまま食べるのはもちろん、ごま和えにしたり、おかかで和えたりと、
いろいろな料理にアレンジできます。

材料（作りやすい分量）

にんじん	2本

煮汁A

みりん	1/4カップ
水	1/2カップ
塩	ひとつまみ

煮汁Aとにんじんを入れて
火にかける

ふたをして煮る

時々鍋をゆすりながら

作り方

① にんじんは縦半分に切ってから5mm厚さの斜め切りにする。
② 鍋にAと①を加えて火にかけ、ふたをして時々鍋をゆすりながら、
柔らかくなるまで7〜8分煮る。

手軽にもう一品

にんじんとシトラスのマリネ

ほんのり甘いにんじんとシトラス（柑橘）を組み合わせて、
サラダやデザートのようなさっぱりした味わいに。
柑橘はデコポンやオレンジなどお好みのものでOK。

材料（2人分）

デコポン（皮などを取り除いた実）	40g
にんじんのみりん煮（P93）	約140g
レーズン	10g
メープルシロップ	大さじ1

作り方

① デコポンは薄皮をむいて一口大に切る。
② ボウルににんじんのみりん煮、①、レーズン、メープルシロップを加えてよく和え、冷蔵庫で約30分おき、味をなじませてからいただく。

にんじんしりしり

塩麹を加えることで、うまみが増すと同時にしっとり仕上がります。
元々は沖縄の家庭料理ですが、北海道のわが家でも大人気です。

材料（作りやすい分量）

にんじん	1本
ごま油	大さじ1
しょうが（千切り）	小1片分
ツナ	70g
みりん、塩麹	各大さじ1
卵	1個
黒ごま	適量

作り方

① にんじんは千切りにする。
② フライパンにごま油としょうがを入れて加熱し、香りが出たら①、ツナ、みりん、塩麹を加えて炒める。
③ にんじんがしんなりしたら、割りほぐした卵を回し入れて炒め、好みの硬さに仕上げ、黒ごまをふる。

いかにんじん

道南名物・松前漬けのもとになったといわれる福島県の料理を手軽にアレンジ。
イカのうまみがにんじんに染み込み、一度食べたらやみつきになります。

材料（作りやすい分量）

にんじん	1本
いかくん（イカの燻製）	20g
めんつゆ（3倍濃縮タイプ）	大さじ1

作り方

① にんじんは千切りにする。
② いかくんは細かくさいておく。
③ 厚手のジッパー付きビニール袋などに①、②、めんつゆを入れてよく揉み込み、20〜30分ほどおいて味をなじませる。

にんじんと鶏肉のブレゼ キャロットライス添え

大きく切ったにんじんに鶏肉のうまみが染み込み、深い味わいが生まれます。

材料（4人分）

にんじん	2本
鶏もも肉	2枚
塩、こしょう	各適量
オリーブ油	小さじ2
白ワイン（または水）	1/2カップ
塩麹	大さじ1
ローリエ、ローズマリーなどのハーブ	適量

作り方

① にんじんは1cm厚さの輪切り、根元の細い部分は四つ割りにする。
② 鶏もも肉は余分な脂などを取り除き、1枚を6等分にしてしっかり塩、こしょうしておく。
③ 鍋にオリーブ油を熱し②を焼く。
④ 鶏肉の両面に焼き目がついたら①、白ワイン、塩麹、ハーブ類を加え、一煮立ちしたらふたをして、中弱火で15分ほど蒸し煮する。にんじんが柔らかく煮えたら、塩、こしょうで味をととのえる。

〈キャロットライス〉

米	2合
にんじん	1本
バター	10g
塩、こしょう	各適量
パセリ	適量

作り方

① 米は洗って吸水させておく。
② にんじんはよく洗い、すりおろす。
③ 炊飯器に①、②、バター、水を入れて炊く。
④ 炊き上がったらさっくりと混ぜ合わせ、塩、こしょうで味をととのえる。好みでパセリのみじん切りをちらす。

ビーツ

最近スーパーでも見かけるようになったビーツは北海道の気候に適した作物で、あまり手をかけなくても立派に育ってくれます。かぶに似ていますが、ほうれん草や甜菜（砂糖の原料＝ビート）などと同じヒユ科の植物です。

わが家の畑ごよみ

	3月	4月	5月	6月	7月	8月	9月	10月	11月

種まき（秋まき）　収穫

栽培メモ

ビーツにはさまざまな種類があり、色は赤や白、ピンク、黄色のほか、渦巻き模様など、形も大小さまざまです。主に作られているレッドビーツは、料理に使うときれいな色合いが楽しめます。

種類にもよりますが、ビーツは春と秋の2回植えることができます。種を植えてから数日で芽が出てくるので、3cmくらいに生長したら順次間引きし、最終的に株間を10〜15cmにします。特に手をかけなくても育つので、栽培が楽な作物です。

収穫間近のビーツ

葉の下部をしっかり持って引き抜く

食べごろ

大きさに多少ばらつきはありますが、根株の直径が5〜6cmくらいになり、土から少し顔を出しはじめたときが収穫適期。寒さに強く、霜が降りた後でも収穫できます。

根の栄養分を葉が使ってしまうので収穫後に切り分ける

保存方法

大根やかぶなどと同様、抜いてからも葉が生長し、根の栄養分がとられてしまうので、葉や茎を切り落として保存します。根の部分の土を払い落とし、できれば1個ずつペーパータオルや新聞紙に包み、ポリ袋などに入れて風通しの良い涼しい場所か、冷蔵庫の野菜室におくと長持ちします。

葉の部分もおいしく食べられるので、枯れた部分や虫食いなどを除き、小松菜やほうれん草のようにお浸しや煮浸し、ソテーなどでいただくとよいでしょう。葉の部分も根と同じく赤色が強いので、みそ汁に入れるとピンク色になって驚きました。

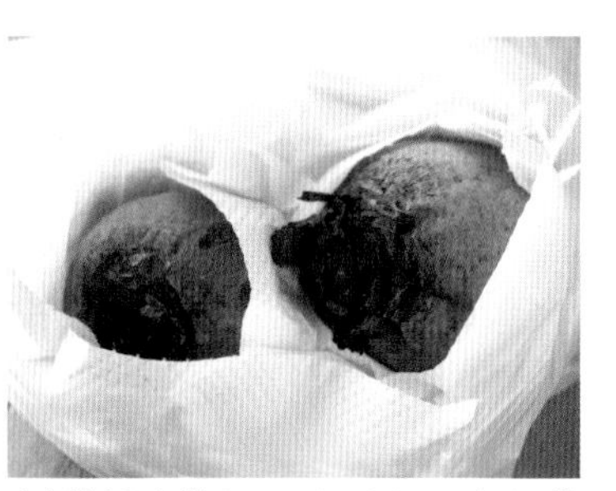
土を落とした根はペーパータオルで包み、袋に入れて保存

一口メモ

ビーツは独特の風味があるため、下処理をしてから料理に使うことの多い野菜です。下処理にはゆでる（鍋にビーツとかぶるくらいの水、酢少々を入れ、30〜40分ほど柔らかくなるまでゆでる）、焼く（P97参照）などの方法があります。下処理後、適当な大きさに切り分けて冷凍すると、すぐにいろいろな料理に使うことができて便利です。

ローストビーツ

ローストすることで独特の土臭さが抜けて甘みとうまみが引き出され、
ビーツそのものがよく味わえます。

材料（2人分）

ビーツ	中1個（約250g）
オリーブ油、塩	各適量
レモン	適量
ハーブ（ローズマリーなどあれば）	適量

よく洗って皮付きのまま。まとめてローストしておくと便利

一つずつアルミホイルに包む

下ごしらえ・準備

オーブンを170度に温めておく。

作り方

① ビーツはよく洗い、皮付きのままアルミホイルに包む。
② 170度のオーブンで40〜60分ほど焼く。（ビーツの大きさなどによって時間は異なる）
③ 竹串を刺してスーッと通るようになったらオーブンから取り出す。
④ 粗熱が取れたら皮をむいて好みの大きさに切り分け、オリーブ油、塩、レモン汁などをかけていただく。

ビーツのスイートピクルス

ほんのり甘くて酸っぱいピクルスは、
ポテトサラダに加えれば
ピンクのポテサラの出来上がり。
刻んでソースの材料にしたり、
ドレッシングにするなど使い方は多彩。
冷蔵庫で約1カ月は保存できます。

材料（作りやすい分量）
ローストビーツ（P97）　中1個（約250g）

ピクルス液A

酢（リンゴ酢がおすすめ）	100mℓ
水	50mℓ
砂糖	50g
塩	小さじ1/2
ローリエ	1〜2枚

作り方
① ローストビーツは皮をむき1cm角に切る。
② 鍋にピクルス液Aの材料を入れて煮立て、砂糖が溶けたら火を止めておく。
③ 清潔な保存容器に①を入れ②を注ぎ入れる。味をなじませてからいただく。

ビーツの白和え

和風の料理にも使えるビーツ。
ほんのりした甘さと
白和えの衣がよく合う一品です。

材料（2人分）
ローストビーツ（P97）　中1個（約250g）

合わせ調味料A

絹ごし豆腐	100g
みそ、砂糖	各大さじ1/2

作り方
① ローストビーツは皮をむき2cm角に切る。
② 絹ごし豆腐はペーパータオルに包んで水切りをする。
③ ②をボウルに入れてつぶし、みそと砂糖を加えてよく混ぜ合わせる。
④ 食べる直前に③に①を加えて、よく和えてからいただく。

ビーツと甘酒のスムージー

ビーツは食べる点滴、甘酒は飲む点滴とも言われます。
この二つを組み合わせれば無敵ドリンクの出来上がり。
きれいな色合いで、朝から元気がもらえる一杯です。

材料（2人分）

ローストビーツ（P97）	80g
甘酒	200mℓ
ヨーグルト	200g

作り方
① ローストビーツは皮をむき1cm角に切り冷凍しておく。
② ミキサーに①、甘酒、ヨーグルトを入れて撹拌（かくはん）する。

ビーツチョコブラウニー

ビーツの独特の味わいとチョコレートは絶妙な組み合わせです。
焼き立てはもちろん、冷蔵庫でよく冷やして食べるのもおすすめ。
お好みで泡立てた生クリームを添えても。
残ったら食べやすい大きさに切り分け、ラップして冷凍保存もできます。

材料（20×20cm／角型1台分）

ローストビーツ（P97）	中1個（約250g）
チョコレート	200g
バター	180g
卵（M玉）	3個
砂糖	190g
薄力粉	190g
塩	ひとつまみ

下ごしらえ・準備

オーブンを180度に温め、薄力粉はふるっておく。型にオーブンシートを敷いておく。

作り方

① ローストビーツは皮をむき、粗いみじん切りにしておく。
② ボウルにチョコレートを割り入れて湯煎で溶かし、バターを加えて溶かしておく。
③ 卵を割りほぐして②に加えてよく混ぜ合わせ、砂糖、薄力粉、①、塩を順に入れ、その都度よく混ぜ合わせる。
④ 準備しておいた型に③を流し入れ、180度のオーブンで約25分焼く。焼き上がったら粗熱を取って切り分けていただく。

大根

茂った葉の下にニョキッと立派な足で立っている大根。実は以前は、どれもそれほど味は変わらないと思っていましたが、採りたての大根は本当にみずみずしく、あまりのおいしさにびっくりしました。

わが家の畑ごよみ

種まき　収穫

3月
4月
5月
6月
7月
8月
9月
10月
11月

栽培メモ

北海道では主に「春まき夏採り」と「夏まき秋採り」の2パターンがあり、それぞれの時期に適した品種を選んで種をまきます。大根は色や形、味などいろいろな種類（青首、紅大根／丸い、長い、太い、細い／甘い、辛いなど）があって、好きな種類を見つけるのも楽しみの一つです。

根が深く土の中に伸びるので、畑の土は50cmほど深く耕します。その際に石や枝など硬いものがあれば取り除きます。石などがあると大根が真っ直ぐ生長できず、曲がったり二股になったりします。

種は1カ所に4～5粒ずつまき、芽が出てから何度か間引きしながら、最終的に1本残します。間引きの際は、残す株が動かないようにゆっくり引き抜くかハサミでカットし、周りの土を寄せて、株がぐらつかないようにします。間引きしたものもおいしく食べられます。

葉の根元を持って真上に引き抜く

食べごろ

種まきから2カ月前後で葉が生い茂り、土から15cmほど青白い首をニョキッと出したころが収穫適期です。収穫が遅れるとスが入ってしまいます。

食べごろに育った大根

保存方法

大根は抜いてからも葉が生長し、根の栄養分が取られてしまうので、葉と根に切り分けます。根は土付きのまま新聞紙などに包んでポリ袋に入れ、風通しの良い暗所に立てて保存します。使うときによく洗い、使い切れなかったものはラップで包み、冷蔵庫の野菜室で保管しましょう。

葉の部分は虫食いなどを取り除き、青菜としておいしくいただきます。ゆでて小分けにしたり、生のまま小口切りにして冷凍すると、葉物がないときに重宝します。

土がついたまま新聞紙などで包み、立てて保存する

一口メモ

大根を1本使うときには「上部は辛みが少なく甘みがあるのでサラダなど生食に」「真ん中は実がしまっているのでおでんや煮物に」「下部は辛みが強いので大根おろしに向く」――と覚えておくと便利です。

大根は干すことで余分な水分が抜け、甘みや栄養分が凝縮され、保存性も高まります。お漬物や煮物など用途に応じて適当な大きさに切り、干し網やザルなどにのせて半日～3日ほど天日干しするとよいでしょう。

干し網で天日干し

フリル大根のナムル

ピーラーでフリル状にしてから塩で揉みます。
しっとり、シコシコとしたひと味違う大根の食感を楽しめます。

材料（2人分）

大根	1/3本
塩	小さじ1/3
ごま油	小さじ2
塩	少々
にんにく（すりおろし）	少々

ピーラーでフリル状にする

作り方

① 大根は、ピーラーで皮をむくのと同じ要領で細長いフリル状にしておく。
② ボウルに①と塩を入れてよく揉み、10分ほどおく。
③ 大根がしんなりしたら水気をよく絞り、ごま油、塩、好みでにんにくを加えて調味する。
　あれば刻んで塩揉みした葉を添える。

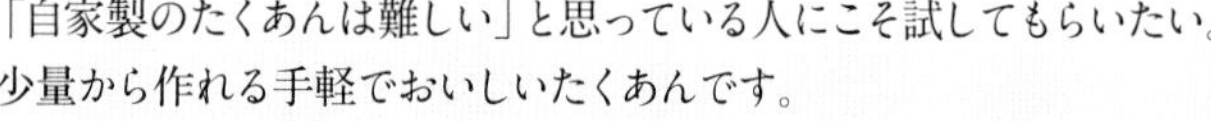

「自家製のたくあんは難しい」と思っている人にこそ試してもらいたい。
少量から作れる手軽でおいしいたくあんです。

材料（作りやすい分量）

大根	1/2本（約500g）
調味液A	
砂糖	60g
塩	10g
酢	大さじ1

作り方

① 大根はよく洗い、皮付きのまま太さに応じて二〜四つ割りにしてザルなどにのせ、2〜3日干しておく。
② ジッパー付きの厚手のビニール袋に①とAを入れてよく揉み込む。
③ 3〜7日ほどで味をみて、切り分けていただく。

赤梅酢で色付けしたきれいな桜色の漬物は
彩りにもなるので重宝します。
たくさん作って小分けにして冷凍保存もできます。

材料（作りやすい分量）

大根	1/2本（約500g）
4%の塩水（水500mℓに塩20g）	適量
赤梅酢	大さじ2
砂糖	大さじ1
大根の葉（あれば）	適量

作り方

① 大根は皮をむき、薄いいちょう切りにする。（皮は桂むきにして、下の「大根の皮のハリハリ漬け」で使う）
② ボウルに4%の塩水を作り、①を入れて10分ほどおく。
③ 大根がしんなりしたら水気をよく絞り、赤梅酢と砂糖を加えて味をなじませる。あれば大根の葉の小口切りを加える。

大根の皮のハリハリ漬け

大根の皮も、捨てずに使えばおいしい漬物ができます。
軽く干すことでコリコリした食感になります。
こちらも小分けにして冷凍しておくと便利です。

材料（作りやすい分量）

大根の皮	1/2本分
にんじん	1/4本
切り昆布	2〜3g
調味液A	
酢	大さじ3
しょうゆ	大さじ2
砂糖	大さじ1
酒、みりん	各小さじ2
赤唐辛子（輪切り）	適量

作り方

① 大根の皮は長さ5cmの細切りにしてザルなどにのせ、2〜3日干しておく。
② にんじんは千切りにする。
③ 鍋にAを入れて加熱し、沸いてきたら火を止める。
④ ジッパー付き厚手のビニール袋に①、②、切り昆布、③を加えて漬け込む。4〜5日ごろからが食べごろ。

大根の蒸ししゃぶ

ピーラーで薄く切った大根とにんじんは火が通りやすく、
軽く蒸しただけでおいしくいただけます。
鍋やフライパン一つで手軽に作れ、体も温まる一品です。

材料（4人分）

大根	1/2本程度
にんじん	1/2本
ほうれん草	1/2把
しめじ	1パック
豚肉（しゃぶしゃぶ用）	300g
酒（または水）	大さじ3
ポン酢、ごまだれ	適量

作り方

① 大根とにんじんは、それぞれピーラーで細長いフリル状にしておく。
② ほうれん草はザク切り、しめじは石突きを切って小房に分ける。
③ 鍋に酒を入れ、その上にオーブンシートを敷き、①、②、豚肉を交互にのせ、ふたをして10分ほど加熱し、蒸し上がったら好みのたれをつけていただく。

さつまいも

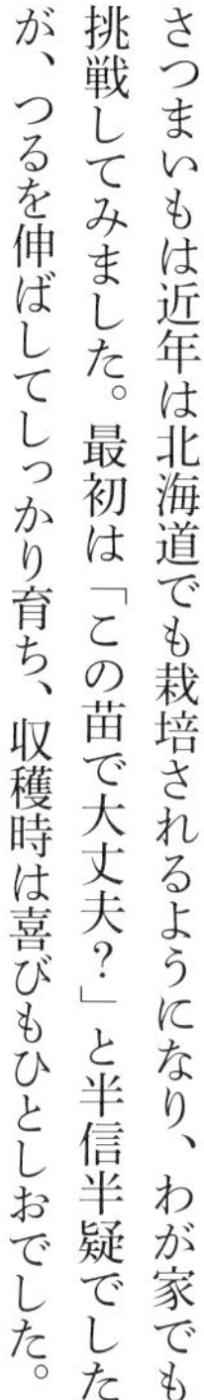

さつまいもは近年は北海道でも栽培されるようになり、わが家でも挑戦してみました。最初は「この苗で大丈夫？」と半信半疑でしたが、つるを伸ばしてしっかり育ち、収穫時は喜びもひとしおでした。

わが家の畑ごよみ

月	定植	収穫
3月		
4月		
5月	■	
6月		
7月		
8月		
9月		
10月		■
11月		

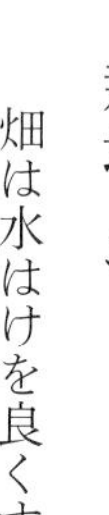

栽培メモ

畑は水はけを良くするために20～30cmの高畝（うね）にし、雑草防止のためのマルチを張ります。肥料を与え過ぎると「つるボケ」になるため、土の状態にもよりますが、基本的に肥料は必要ありません。

植え付けの際は、苗を土に斜めに挿すと収量が多いといわれています。植え付け後は葉が少し枯れたような状態になりますが、しばらくすると新しい葉が次々と出てきます。

植えた直後の苗はしおれた状態が続く

根がつくと元気に葉を伸ばし始める

食べごろ

苗を植えてからどんどん葉が茂りますが、花が咲くわけでもないので「ちゃんと育っているのかしら…」と心配になります。でも大丈夫。秋も深まった10月の半ば、つるの葉が少し黄色くなってきたころが収穫適期です。霜が降りる前までに収穫します。

試し掘りをして、大きな芋がたくさんできていればうれしいですが、そうでないときもあります。十分育つまでゆっくり待ちましょう。

秋の晴れた日を選んで収穫

保存方法

さつまいもは収穫後、よく乾燥させてから風通しの良い暗所で保存します。収穫してすぐより、2週間～2カ月おくと甘みが増しておいしくなります。ただし寒さと乾燥に弱く、そのまま冷蔵庫に入れると傷んでしまいます。

保存に適した温度は、じゃがいもが4～5度、玉ねぎが0～1度なのに対し、さつまいもは13～14度と高め。寒くなってきたら、家の中でも比較的暖かい場所に置き、新聞紙などに包んで段ボールやかごに入れて保存すると長もちします。

水分があると腐りやすい。土を落とし、乾燥させて保存

おうちで焼きたて焼き芋

さつまいもは、焼く前に塩水につけておくことで甘みが増します。
ホイルに包んださつまいもをフライパンに並べ、時々転がしながら弱火で焼いてもおいしくできます。

材料（作りやすい分量）

さつまいも	中6本
1%の塩水（水1ℓに対して塩10g）	適量

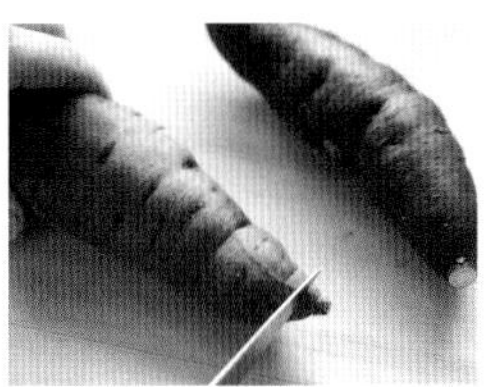
天地を落とす

塩水につける

ぬらしたペーパーとアルミホイルで包む

下ごしらえ・準備

オーブンを160度に温めておく。

作り方

① さつまいもは天地を落とし、塩水に30分～1時間ほどつけておく。
② ①を塩水でぬらしたペーパータオル、アルミホイルの順に包む。
③ 160度に温めておいたオーブンで40～50分焼く。

焼き芋で作る干し芋

「焼き芋を干す」なんて意外でしょうか？
でも、干すだけで違った味わいが楽しめるのです。
私は2日程度の半乾きの状態が好み。
たくさん作っておかないと、味見でなくなってしまうかもしれませんよ！

材料（作りやすい分量）
焼き芋（P105）　2〜3本

作り方
① 焼き芋を1.5cm厚さの好みの形に切る。（輪切り、斜め切り、スティック状など）
② ①をザルなどに並べ、風通しの良い場所で2〜5日ほど乾燥させる。（ときどき味見をして乾燥具合などを確認する）

お口の中でスイートポテト

いつもの焼き芋にひと手間かけるだけでおいしいスイーツに早変わり！
口の中でスイートポテトの出来上がりです。
生クリームの代わりにバニラアイスを添えるのもおすすめ。

材料（2人分）

焼き芋（P105）	1本
バター	10g
砂糖	小さじ1
生クリーム、砂糖	各適量
シナモンパウダー	適量

作り方
① 焼き芋は1cm厚さの輪切りにする。
② フライパンにバターを熱し、砂糖と①を加えて焼く。
③ 表面に軽く焦げ目がついたら器に盛り、砂糖を加えて泡立てた生クリームを添え、好みでシナモンパウダーをふっていただく。

さつまいものサブジ

「サブジ」はインド風の香辛料の炒め煮。
隠し味にしょうゆを使っているのでご飯にもよく合います。
甘い味のさつまいも料理に飽きたらお試しを。
カレーのサイドメニューとしてもどうぞ。

材料（2〜3人分）

さつまいも	大1本（約300g）
にんじん	1/2本
玉ねぎ	1/2個
ごま油	大さじ1
しょうが（みじん切り）	小1片分
クミンシード（あれば）	小さじ1/2
水	100mℓ
カレー粉	小さじ1/2
しょうゆ	小さじ1
塩、こしょう	各少々

作り方
① さつまいもはよく洗い、皮付きのまま一口大の乱切りにして水にさらしておく。
② にんじんも一口大の乱切り、玉ねぎは皮をむいて櫛（くし）形に切る。
③ 鍋にごま油としょうが、クミンシードを入れて加熱し、香りが出たら①と②を加えて炒める。
④ 油がまわったら水を加えてふたをし、中弱火で7〜8分蒸し煮する。
⑤ 野菜が柔らかく煮えたら、カレー粉、しょうゆ、塩、こしょうで味をととのえる。

さつまいもとリンゴのアップサイドダウンケーキ

「アップサイドダウン」とは「逆さま」という意味。
フライパンの底の面が上になるので、
それを考えてさつまいもとリンゴを並べるときれいな仕上がりになります。
ホットケーキミックスとフライパンで手軽に作れて、しかも出来上がりは豪華！

材料（24cmのフライパン1個分）

さつまいも	1本
リンゴ	1個
くるみ（無塩、炒り）	40g
卵（M玉）	3個
はちみつ	60g
ホットケーキミックス	200g
シナモンパウダー	小さじ1/2
バター（あれば無塩）	50g
砂糖	70g

作り方

① さつまいもとリンゴはよく洗い、さつまいもは1cm厚さの輪切りにして水にさらし、リンゴは12等分の櫛(くし)形に切り、種を取っておく。（どちらも皮付きのまま）
② くるみは粗く刻んでおく。
③ ボウルに卵を割りほぐし、はちみつ、ホットケーキミックス、シナモンパウダーを順に加え、その都度よく混ぜ合わせる。
④ 深さのあるフライパンにバターと砂糖を入れて加熱する。バターが溶けてきたら、水気を拭いた①のさつまいもとリンゴを並べて②をちらし、③を流し入れて、ふたをして弱火で20分ほど焼く。竹串を刺して何もついてこなければ焼き上がり。大きめの皿などに、フライパンの底の面が上になるよう裏返し、切り分けていただく。

長ねぎ

長ねぎを上手に収穫するにはちょっとしたコツがいります。はじめは加減が分からず、途中で折れたり切れたりしたことも。長ねぎがきれいに抜けたときの喜びは格別で、まだ早いのに次々と抜きたくなって困ってしまいます。

わが家の畑ごよみ

月	定植	収穫
3月		
4月		
5月		
6月		
7月		
8月		
9月		
10月		
11月		

栽培メモ

苗店やホームセンターなどで苗を購入したら、植える直前に水に浸け、よく水を吸わせておきます。畑に溝を作って斜めに苗を置くようにして土をかけると、ずれがなく楽に植えられます。その際、苗を北側に倒す（苗の先端が北側、根が南側になる）ようにすると、葉に太陽の光がよく当たり、生長が良くなります。斜めに植えても、生長するに従って真っ直ぐ上へ伸びます。

深さ15cmくらいの溝を掘り、苗を立てかけるように置く

生長の様子を見ながら溝を土で埋め、土寄せ、追肥を行います。土が被った部分が軟白になり、おいしい長ねぎが出来上がります。土寄せの土が必要なので、植える場所の周りを少し広めに空けておきましょう。途中で土がなくなると、遠くから運んでこなければならないので大変です。

食べごろ

苗を植えてから4カ月ほどで、直径が約2cm、土の中の白い部分が30cm以上になったら収穫適期です。途中で折れたり切れたりしないよう周りの土をよけ、優しく上に引き抜きます。比較的ゆっくり生長するので、10月ごろから、太くなってきたものを食べる分ずつ収穫し、最後は霜が降りるころに残りを全部抜いて保存しています。

青い部分の下をつかみ、真上にゆっくり引き抜く

収穫したてのみずみずしい長ねぎ

保存方法

引き抜いた長ねぎは土が付いたまま2～3本ずつ新聞紙に包み、風通しの良い暗所に立てておくと長期間保存できます。食べるときに、土の付いた外側の皮をむきます。

1本全部を食べない場合はラップで包み、冷蔵庫の野菜室で保存して早めに使い切りましょう。食べやすい長さや小口切りにして冷凍保存するのもおすすめです。

土は落とさず新聞紙で数本ずつ包む

すぐに食べるときは外側の皮をむく

長ねぎのアヒージョ

長ねぎはオイルで煮るとうまみと甘みがよく引き出され、1人1本はあっという間。
残ったオイルはパンを浸して食べたり、パスタやチャーハン、炒め物、和え物などに。

材料（2人分）

長ねぎ	2本
ベーコン	40g
オリーブ油	100mℓ
にんにく	1片
赤唐辛子（種を取る）	1本
塩	ひとつまみ

小さめのフライパンやスキレットで煮る

作り方

① 長ねぎは5cm長さのぶつ切りにする。
② ベーコンは1cm幅に切る。
③ 小さめのフライパンやスキレットにオリーブ油、にんにく、赤唐辛子、塩、①、②を入れ、中弱火で長ねぎが柔らかくなるまで煮る。

長ねぎの南蛮酢漬け

長ねぎ４本は多いように感じますが、焼いて漬けるとかさが減るので心配いりません。
すぐ食べられますが、半日ほどおいて味をなじませてからいただくのがおすすめです。

材料（4人分）

長ねぎ	4本
赤唐辛子（輪切り）	1本分
しょうが（千切り）	小1片分

南蛮酢A

しょうゆ、酢、酒	各1/4カップ
砂糖	大さじ3

作り方

① 小鍋にAを入れて加熱し、沸いてきたら赤唐辛子としょうがを加えて火を止めておく。
② 長ねぎは長さを半分に切り、グリルなどで焦げ目がつくまで焼く。
③ ②が焼けたら4等分に切り、熱いうちに①に漬ける。

長ねぎのおかず味噌

炊きたてご飯によし、おむすびの具にしてもよし。
冷奴や焼き肉、炒め物などにもぴったりの万能調味料です。

材料（作りやすい分量）

長ねぎ	1本
しょうが	小1片
ごま油	大さじ1
みそ	100g
みりん	大さじ3

作り方

① 長ねぎとしょうがは粗いみじん切りにする。
② フライパンにごま油と①を入れて加熱し、しんなりするまで5分ほど炒める。
③ みそとみりんを加え、よくかき混ぜながら煮詰める。

長ねぎとスモークサーモンのレモンだれ和え

生の長ねぎとレモンだれがよく合う爽やかな一品。
和えてすぐのシャキシャキ食感、
しばらくおいて味をなじませたしっとり食感、どちらもおすすめです。

材料（2人分）

長ねぎ	1本
スモークサーモン	40g

レモンだれA

オリーブ油	大さじ1
レモン汁	大さじ1/2
にんにく（おろし）	少々
塩、こしょう	各少々

作り方

① 長ねぎは斜め薄切りにし、水にさらしてからよく水気を拭いておく。
② スモークサーモンは1cm幅に切る。
③ ボウルにAを入れてよく混ぜ合わせ、とろみがついたら①、②を加えてよく和える。

長ねぎと鶏手羽先のポトフ

長ねぎの甘みと鶏手羽先のうまみがしみ出て、
寒い冬に体の中からじんわり温まる具だくさんスープ。
にんにくの入ったアイオリソースと一緒に食べるのもおすすめです。

材料（2人分）

長ねぎ	1本
じゃがいも	小2個
にんじん	小1本
鶏手羽先	4本
オリーブ油	小さじ2
コンソメ（顆粒）	小さじ1
ローリエ	1〜2枚
塩、こしょう	各少々

作り方

① 長ねぎは5cm長さのぶつ切りにする。
② じゃがいも、にんじんは皮をむき、それぞれ食べやすい大きさに切る。
③ 鍋にオリーブ油を入れて加熱し、鶏手羽先を加えて表面に焼き目をつける。
④ ③に①、②、ひたひたの水、コンソメ、ローリエを加えて中火で煮込み、具材が柔らかくなったら塩、こしょうで味をととのえる。

キャベツ

キャベツの旬は春と秋の2回あり、「春キャベツ」は葉が柔らかく、秋の「寒玉」は葉が硬めで貯蔵性に優れているのが特徴。秋の畑でとれたキャベツは、ずっしりと身が引き締まって食べ応えがあります。

わが家の畑ごよみ

月	定植	収穫
3月		
4月		
5月		
6月		
7月		
8月		
9月		
10月		
11月		

栽培メモ

キャベツは虫たちの大好物で、そのまま育てるとあっという間に食べられてしまいます。家庭菜園で農薬を使いたくない場合は、少し手間ですが、苗を植え付けてから防虫ネット（寒冷紗）をトンネルにして覆いましょう。

風などでネットが開いてしまう場合があるので、ネットの端にも土をかぶせて動かないようにし、虫が出入りできないよう完全に遮断します。収穫の際、ネットを開けてきれいなキャベツが育っているのを見るのはうれしいものです。

ネットをしっかり張って虫の侵入を防ぐ

食べごろ

苗を植えてから1カ月ほどでキャベツの形ができ始め、さらに1カ月から1カ月半ほど生長して収穫の時期を迎えます。キャベツの球がしっかり大きくなり、球の上部を手で軽く押してみて、弾力を感じるくらいが収穫の適期です。

球が割れたり、花芽がついたりすると遅すぎるので、タイミングを逃さないようにします。鮮度を保つためにも、早朝の涼しい時間に収穫するとよいでしょう。

保存方法

収穫したキャベツは外葉を2～3枚残し、1個ずつ新聞紙などで包んで段ボールなどに入れ、涼しい場所で保存します。

包丁で切ると断面から劣化するので、全部使わないときは葉を外側から1枚ずつはがして使い、残ったものは外葉をかぶせ、新聞紙に包んで保存すると長持ちします。包丁で切った場合は、断面をラップでしっかり包み、冷蔵庫の野菜室で保存して早めに食べ切りましょう。

ネットを開けると、ツヤツヤとおいしそうに育ったキャベツ

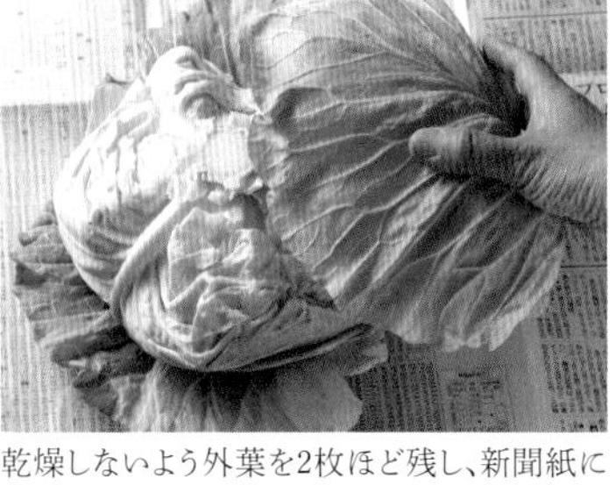

乾燥しないよう外葉を2枚ほど残し、新聞紙に包んで保存

塩キャベツ

そのままでも、ドレッシングをかけても。キャラウェイシードを加えると爽やかな仕上がりに。
キャベツは塩で揉んでしんなりさせておくと、サラダや餃子、お好み焼きやメンチカツなどに展開できます。
保存は冷蔵庫で4〜5日、冷凍もできます。

材料（作りやすい分量）
キャベツ　1個（1kgくらいのもの）
塩　10g（キャベツの重量の1%）
キャラウェイシード　適量

太めの千切りにする

塩を振り、よく揉み込む

15分ほどおくとしんなりする

作り方
① キャベツは太めの千切りにする。
② キャベツに塩を振り、よく揉み込んで15分ほどおく。好みでキャラウェイシードを加える。

塩キャベツとリンゴのコールスローサラダ

人気のコールスローサラダも塩キャベツがあれば簡単にできます。
加える具材はお好みで。

材料（2人分）

塩キャベツ（P113）	200g
リンゴ	1/4個
ハム	2枚
とうもろこし（ゆでた実）	40g
オリーブ油、マヨネーズ	各大さじ1

合わせ調味料A

酢	小さじ2
砂糖	小さじ1
塩	小さじ1/4

作り方

① リンゴはよく洗い、皮付きのまま細切りにする。ハムも細切りに。
② ボウルにオリーブ油とマヨネーズを入れてよく混ぜ合わせ、さらにAを加えてよく混ぜ合わせてから、水気を切った塩キャベツ、①、とうもろこしを加えてよく和える。

キャベツのポン酢蒸し

外葉に近く、少し傷んだ葉を使うとちょうど良い料理です。
硬い葉も柔らかくなり、食べやすくなります。

材料（2人分）

キャベツ	葉4～5枚（約200g）
にんじん	1/4本
生しいたけ	3枚
ベビーホタテ	80g

合わせ調味料A

酒（または水）	大さじ3
ポン酢	大さじ2

作り方

① キャベツは手で一口大にちぎり、芯の部分は薄切りにしておく。
② にんじんは薄いいちょう切り、生しいたけは石突きを切り落として薄切りにする。
③ 鍋にA、①、②、ベビーホタテを入れ、ふたをして加熱する。
④ 沸いてきたら火を弱め、6～7分蒸し煮する。

キャベツのステーキ

葉がバラバラにならないよう芯をつけたまま焼く。
蒸し焼きにすることで芯まで甘くなり、おいしくいただけます。
ナイフとフォークでお召し上がりください。
野菜だけでも満足感を得られます。

材料（2人分）

キャベツ	1/4個
オリーブ油	大さじ1
にんにく（スライス）	1片
白ワイン（または水）	大さじ3
塩、こしょう	各少々

ヨーグルトソースA

ヨーグルト、マヨネーズ	各大さじ1
粒マスタード	小さじ1

作り方

① キャベツは半分の櫛（くし）形に切る。
② フライパンにオリーブ油とにんにくを入れ、加熱し香りが出たら①を加えて焼く。
③ 両面に焼き目をつけたら白ワインを加えてふたをし、蒸し焼きにする。キャベツがしんなりしたら塩、こしょうで味付けして器に盛り、好みでAをよく混ぜ合わせたヨーグルトソースをかけていただく。

キャベツのシューマイ

キャベツのおいしさがぎゅっと詰まったシューマイです。
見た目も、小さなキャベツのようなかわいらしさ。
蒸したて熱々に辛子じょうゆをつけてお召し上がりください。

材料（4人分／12個分）

塩キャベツ（P113）	300g
むきエビ	100g
豚ひき肉	200g
塩、酒	各少々
片栗粉	適量

合わせ調味料A

オイスターソース	大さじ1
ごま油	小さじ1
しょうが（おろし）	小さじ1
片栗粉	大さじ2
塩、こしょう	各少々

作り方

① 中に入れる塩キャベツ（100g）は粗く刻む。（残りの200gは皮として使う）
② むきエビは粗く刻み、塩と酒を揉み込んで下味をつけておく。
③ ボウルに豚ひき肉、①、②、Aを入れてよく練り合わせ、12等分して丸めてバットなどに取り出す。
④ 水気を切った残りの塩キャベツをボウルなどに入れ、薄く片栗粉をまぶした③を転がしながらぎゅっと押しつけて包む。
⑤ 鍋に水1/4カップを入れてオーブンシートを敷き、その上に④をのせてふたをして加熱し（P103参照）、沸いてきたら7～8分蒸す。

ヤーコン

南米生まれの根菜・ヤーコンは葉の部分が大人の背丈ほども大きくなりますが、秋が深まってきたころに咲く花は、小さくてかわいいヒマワリのよう。霜が降りてヤーコン掘りを終えると、わが家はそろそろ畑仕舞いの季節を迎えます。

元気な苗を植えれば後の作業は手間いらず

小さく可憐なヤーコンの花

栽培メモ

ヤーコンは植えてしまうとほぼ放任でもよく育つので家庭菜園におすすめの野菜です。病害虫の心配もほとんどありません。

苗は、秋に収穫した際に茎の下についている塊の部分（塊茎(かいけい)）を越冬させて分割し、育てたものです。そこから芽が出て大きくなっていきます。

雑草防止と春の寒さ防止のため、マルチを張って苗を植え付けます。生長すると草丈が1・5～2mになるので、株間は50cmほど空けて、周りに植える作物が日陰にならないように広めの場所に植えましょう。

周りの土ごと掘り、茎を倒して収穫する

食べごろ

苗を植えるとやがて葉が大きく茂り、根も大きく育っていきます。生長はゆっくりで、収穫は10月の末から11月の初めごろ。霜が降りると甘みが増しておいしくなりますが、凍ってしまうと腐るので、霜が降りたら早めに収穫しましょう。

収穫は周りの土を掘り起こし、茎を引き抜くように倒すと立派なヤーコンがたくさん出てきます。折れたり割れたりしないように気をつけて優しく抜き取り、日陰で表面を乾燥させます。

一株にたくさんつく塊根が食用となる

保存方法

ヤーコンは長期保存ができ、上手に保存すると春先まで楽しめる野菜です。表面を乾燥させ、土つきのまま保存します。割れているものや傷みかけているものは早めに食べ、状態の良いものを新聞紙などで包み、発泡スチロールの容器などに入れて保存します。

乾燥しないように包み、温度や湿度が安定した冷暗所で保存

わが家の畑ごよみ

定植　収穫

3月
4月
5月
6月
7月
8月
9月
10月
11月

ふろふきヤーコン

昆布だしとヤーコンの優しい甘みがよく合う一品。
ヤーコンはよく煮てもシャキシャキ感が楽しめます。
ゆずみそなどの甘みそも良いですが、少し甘めのヤーコンには長ねぎのみそがよく合います。

材料（2人分）

ヤーコン	大1本
昆布だし	2カップ
塩	適量

外側の白っぽい部分が
変色しやすい

皮は厚めにむく

酢を加えて下ゆでする

作り方

① ヤーコンは天地を落として1.5cmほどの輪切りにし、厚めに皮をむく。
② 鍋に水、酢（少々、分量外）、①を入れて5分ほど下ゆでする。
③ ②の水を捨てて軽く水洗いし、昆布だし、塩を加えて20分ほど煮る。好みで長ねぎのおかず味噌（P110）を添えていただく。

手軽にもう一品

ヤーコンの粒マスタードマリネ

ヤーコンは生でも食べられるので、
さっとゆでてシャキシャキ感を楽しみます。

材料（2人分）

ヤーコン　中1本（約200g）

マリネ液A
- 粒マスタード、はちみつ　各大さじ1
- 酢　大さじ1/2
- 塩　少々

作り方

① ヤーコンは皮を厚めにむいて薄い半月切り（大きいものはいちょう切り）にして水にさらしておく。
② 鍋に湯を沸かし、酢（少々、分量外）を加えて①を1分ほどゆでる。
③ ②をザルにあげて水気をよく切り、よく混ぜ合わせたAと和える。

ヤーコンのヨーグルトみそ漬け

手軽にできるヤーコンの漬物。
ヨーグルトを使っているので仕上がりはさっぱり、
サラダ感覚でいただけます。

材料（作りやすい分量）

ヤーコン　中1本（約200g）
ヨーグルト、みそ　各100g

作り方

① ヤーコンは厚めに皮をむき、縦半分（大きいものは四つ割り）にして水にさらしておく。
② 厚手のジッパー付きポリ袋などにヨーグルトとみそを入れてよく混ぜ合わせ、水気を拭いた①を加えてよく揉み込んでから冷蔵庫で一晩ほど漬け込む。味見をして好みの漬け具合に仕上がっていたら、食べやすい大きさに切り分けていただく。

ヤーコンの赤ワインコンポート

梨のような食感と甘みがあるヤーコンはデザートやフルーツ感覚で楽しんで。
ヨーグルトやアイスクリームに添えて一緒にいただくのもおすすめ。
冷蔵庫で一晩おいて味をなじませるとよりおいしくいただけます。

材料（2人分）

ヤーコン　中1本（約200g）
赤ワイン、水　各100㎖
砂糖　50g
レモン汁　大さじ1
スパイス　適量
（スターアニス、シナモンスティック、クローブ、カルダモンなど）

作り方

① ヤーコンは皮を厚めにむき、食べやすい大きさに切って水にさらしておく。
② 鍋に赤ワイン、水、砂糖を入れて煮立て、砂糖が溶けたら①とレモン汁、スパイス類を加えて20〜30分煮る。

ヤーコンのちらし寿司

シャキシャキした甘酸っぱいヤーコンがすし飯によく合います。
すし酢に漬けたヤーコンはガリ代わりにも楽しめるので、多めに作り置きしておくと便利。
花形に抜いてからゆでたヤーコンを赤梅酢とすし酢に漬けたものを飾ると、より華やかに仕上がります。

材料（4人分）

米	2合
すし酢	大さじ4
ヤーコン	1本
すし酢	大さじ2
にんじん	1/3本
ほうれん草	2株
卵	2個
みりん	大さじ2
塩	少々
油	小さじ1
カニかまぼこ	40g

作り方

① 米は洗って吸水させ、水を加えて炊飯器で炊く。
② ヤーコンは厚めに皮をむき、薄切りにしてから、酢（少々、分量外）を加えた湯で1～2分ゆで、ザルにあげて水気を切り、熱いうちにすし酢（大さじ2）に漬けておく。
③ にんじんは千切りにしてからサッと塩ゆで、ほうれん草はサッと塩ゆでしてから細かく刻んでおく。
④ ボウルに卵を割りほぐし、みりんと塩を加えてよく混ぜ合わせ、薄く油をひいたフライパンで炒り卵を作っておく。
⑤ カニかまぼこは粗くさいておく。
⑥ ご飯が炊き上がったら飯台などに移し、すし酢（大さじ4）を加えて混ぜ、細切りにした②のヤーコンの1/2量を加えてよく混ぜ合わせる。
⑦ 器に⑥を盛り、③、④、⑤を彩りよくちらし、最後に残りのヤーコンをのせる。

豆

豆にもいろいろありますが、わが家では収穫しそびれた枝豆（大豆）や黒豆に加え、白花豆という大粒の豆を収穫し、冬の間も少しずつ楽しんでいます。白花豆は名前のとおり白くきれいな花を咲かせます。

栽培メモ

白花豆は冷涼な気候を好むので北海道での栽培に適しています。背丈の高い支柱を立てるなど、やや手間はかかりますが、ツヤツヤと立派な豆が収穫できるのは大きな喜びです。

暖かくなった6月上旬ごろ、種（昨年収穫した白花豆）を2～3粒ずつ植えます。雑草防止と生育を促すためにマルチを張ると栽培しやすくなります。

苗が10cmくらいになったら周囲に2mほどの支柱を立て、つるが伸びてきたら反時計回りに誘引すると、その後はどんどん伸びていきます。

秋にさやが熟して黄色くなってきたら、茎の根元をハサミで切ってそのまま枯らして乾燥させます。十分に乾燥したらさや付きのまま収穫し、風通しの良いところでさらに乾燥させます。

連なって咲く白花豆の花

夏の美しい豆畑

食べごろ

種をまいてつるが伸び、花が咲いて実がなるまではインゲンなどのさや豆とほぼ同じですが、さやを食べる豆は若いさやを採って食べるのに対し、さやが硬くなるまでしっかり成熟させ、乾燥させてから収穫します。

根元を切ったら、畑で枯れるまで待つ

さやが色づいてきたら、茎を根元から切る

保存方法

さや付きで収穫した豆はよく乾燥させてからさやを外し、実を取り出します。しっかり乾燥した豆はかなり長い期間保存できます。厚手のジッパー付きビニール袋などに、あれば乾燥剤とともに入れ、涼しい時期は冷暗所で保存します。暑い季節は冷蔵庫の野菜室に入れて保存するのがおすすめ。使う分だけ取り出し、炒ったり、戻して煮たりしていただきます。

わが家の畑ごよみ

3月
4月
5月
6月　種まき（白花豆）
7月
8月
9月
10月　収穫
11月

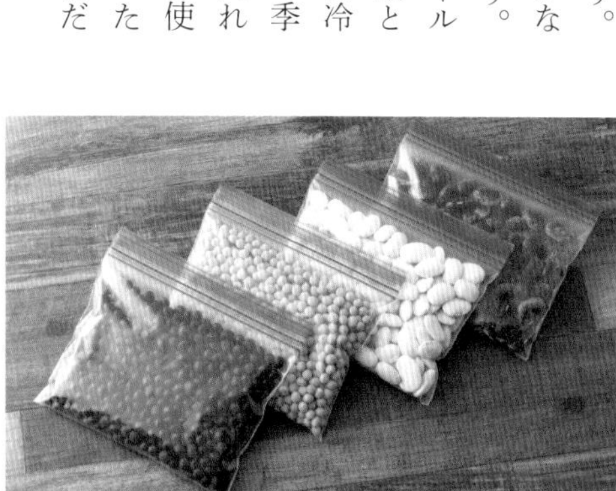

袋に入れて保存。左から黒豆、大豆、白花豆、紫花豆

十分に乾燥したら、さやから外す

白花豆の水煮と甘煮

豆を煮る時は、一度にたくさん戻して煮ておき、使いやすい分量に小分けして冷凍保存すると便利です。
水煮は煮込み料理やスープ、サラダなどに、甘煮は和菓子や洋菓子にも活用できます。

材料（作りやすい分量）

白花豆（乾燥）	300g

（水煮にしたものを半量甘煮にする場合）

白花豆（水煮）	350g
砂糖	140g程度
塩	ひとつまみ

戻り時間は豆の状態によっても異なるが、時間をかけて戻したほうが、煮る時間が短く済む場合が多い

作り方

〈水煮〉

① 白花豆は洗い、4～5倍の水を入れた鍋に浸し、8～24時間ほどおいて戻す。

② しっかり戻ったら①をそのまま強火にかけ、沸騰したら火を止め、一度ザルにあげて新しい水に入れ替える。（ゆでこぼしする）

③ ②を再度強火にかけ、沸いてきたら弱火にし、柔らかくなるまで1時間ほど煮る。

④ 豆が柔らかく煮えたら、煮汁ごと水煮と甘煮用に分ける。（乾燥豆300gで水煮が700gほど出来上がる）

＊③で豆が柔らかくなってきたとき、水の量が多すぎると豆が踊って煮崩れの原因になり、少ないと煮えむらの原因になる。豆が常に水に浸るよう差し水を加える。

〈甘煮〉

① 水煮の豆とひたひたの煮汁を鍋に入れて火にかけ、砂糖を2～3回に分けて加え10分ほど煮る。仕上げに塩を加えて火を止め、そのままおいて味を含ませる。

＊砂糖の分量は「豆の水煮：砂糖＝5：2」、豆の水煮100gに対して砂糖が40gが目安。

炒り豆で楽しむ

炒り豆

乾燥したままの豆で手軽に。
そのままおやつにポリポリいただきます。

材料（作りやすい分量）

大豆や黒豆　100g

作り方

① 豆はよく洗ってから水気を拭く。
② フライパンに①を入れ、時々揺すりながら中火で10分ほど炒る。
皮が割れて、香りが立ってきたら出来上がり。

きなこ

ひきたてのきなこはとても香ばしく、市販のものとは一味違うおいしさ。
きなこと砂糖の黄金比は2：1ですが、甘さはお好みで加減してください。

材料（作りやすい分量）

炒り豆	100g
砂糖	50g
塩	ひとつまみ

作り方

① 炒り豆をミルなどで挽き、ふるいにかける。
② 砂糖と塩を加えてよく混ぜ合わせる。好みで団子や餅、ヨーグルトなどにかけていただく。

炒り豆茶

急須やカップに炒り豆と湯を入れるだけでもOK。
煮出した後の豆はそのまま食べられます。

材料（1杯分）

炒り豆（黒豆）	20g
湯	180mℓ

作り方

① 鍋に湯を沸かし、炒り豆を加えて煮出す。

炒り豆ご飯

炒り豆を使えば手軽に炊けます。
黒豆入りできれいな仕上がりに。

材料（2人分）

米	1合
炒り豆（黒豆）	40g
酒	大さじ1
塩	小さじ1/2

作り方

① 米は洗って吸水させておく。
② 炊飯器に①、水、炒り豆、酒、塩を加えて軽くかき混ぜてから炊飯する。
③ 炊き上がったらさっくり混ぜ合わせる。

白花豆のスペイン風煮込み

白いんげん豆と数種の肉を使った
ファバータというスペインの煮込み料理がヒント。
豆が割れて煮崩れるとスープにとろみがつき、
豆の中にも味がしみておいしく仕上がります。

材料（4人分）

材料	分量
白花豆の水煮（P121）	400g
玉ねぎ	1個
ベーコン（ブロック）	200g
ソーセージ	4本
オリーブ油	小さじ2
にんにく	1〜2片
水、豆の煮汁	各1カップ
ローリエ	2枚
塩、こしょう	各少々

作り方

① 玉ねぎは皮をむいて櫛形に切り、ベーコン、ソーセージはそれぞれ食べやすい大きさに切っておく。
② 鍋にオリーブ油、半分に切ったにんにくを入れて加熱し、香りが出たらベーコンとソーセージを加えて焼く。
③ 焼き目がついたら①の玉ねぎを加えて炒め、しんなりしてきたら白花豆の水煮と煮汁、水、ローリエを加えて15分ほど煮る。
④ 豆が割れてスープにとろみがついたら、塩、こしょうで味をととのえる。

白花豆のパンナコッタ

白花豆のペーストが入ったパンナコッタは、
なめらかでコクのある味わい。
和のイメージが強い豆の甘煮は、洋風のお菓子にもよく合います。
グラッセにしたり、
パウンドケーキなどに入れて焼くのもおすすめです。

材料（4人分）

材料	分量
白花豆の甘煮（P121）	100g
粉ゼラチン	5g
水	大さじ3
生クリーム	200mℓ
牛乳	70mℓ
砂糖	40g

作り方

① 白花豆の甘煮は飾り用を適量残して皮をむいてつぶし、ペースト状にしておく。
② 水に粉ゼラチンをふり入れ、ふやかしておく。
③ 鍋に生クリームと牛乳を入れて温め、砂糖、②を順に加え、その都度よく煮溶かし、最後に①も加えてよく混ぜ合わせる。（なめらかな仕上がりにしたい場合は一度こすと良い）
④ ③を器に流し入れて冷蔵庫で冷やし固め、仕上げに飾り用にとっておいた花豆を飾る。

冬の楽しみ

雪景色を眺めながら…心浮き立つ栽培計画

北海道は12月から3月までは雪で閉ざされるため、1年の3分の1は畑の作業ができません。ここ江別市篠津地区も雪が多く、冬の畑では子どもと雪だるまやかまくらを作ったり、そり遊びをします。そして窓辺に座って雪景色を眺め、サヤのまま乾かしていた豆を選り分けたりしながら、春からの作付け計画を考えます。そ

ブルーベリー　グミ　ハスカップ
E
みょうがA
B
2.5m
Eアスパラ
ハーブと花壇
10m
C
かぼちゃスペース
D
にら
13m

連作障害を起こさないよう、年ごとに植える場所を入れ替える

鞘から豆を取り出し、良い豆を選別

わが家の栽培計画表

区分	科目	作物名	品種	数量	苗種
A 果菜類	ナス科	トマト	トマト(中)	4	苗
			トマト(大)	4	苗
			ミニトマト	6	苗
			アイコ	2	苗
		なす	なす	2	苗
			長なす	2	苗
			白なす	2	苗
			緑なす	2	苗
			米なす	2	苗
			アレキサンドラ	2	苗
		ピーマン		2	苗
		ししとう		2	苗
		唐辛子	青唐辛子	2	苗
			鷹の爪	2	苗
		食用ホオズキ		2	苗
	ウリ科	きゅうり	黒さんご	4	苗
		ズッキーニ	緑	1	苗
			黄色	1	苗
		かぼちゃ	坊ちゃん	2	苗
			緑系	1	苗
			白系	1	苗
	シソ科	しそ	青	2	苗
			赤	2	苗
		バジル		5	苗
	マメ科	いんげん	ツルなし	8	種
B 根菜類	ナス科	じゃがいも	男爵	15	種芋
			メークイン	15	種芋
			北あかり	15	種芋
	ヒルガオ科	さつまいも		10	苗
	アブラナ科	大根	(春まき)春大根	10	種

4月～11月（上・中・下）　種まき・定植　収穫

うした時間は心が浮き立つものです。

わが家の畑は自宅前の2アール（200平方メートル）ほど。できるだけ多くの種類の野菜を植えて楽しみたいので、作付け計画は重要です。①作って食べたい野菜を選ぶ②連作障害を避ける＝同じ場所に同じ野菜を作り続けると病気などが発生しやすい③日当たりや作物の特徴＝作物の背丈や植える場所の広さなど④そばに植える作物との相性＝野菜によって肥料や水やりが多いもの少ないものがある⑤作業のしやすさ——などを頭に入れて計画していきます。

3月に入ると暖かい日が増え、雪が解けてきます。埋めていた大根（雪の下大根）や植えたままにしていた越冬にんじんを、冷たく深い雪の中から掘り出すのは宝探しのようです。

積もった雪に穴を掘り、お餅やマシュマロを焼いて食べます

冬の畑は子どもたちの格好の遊び場

土中に眠っているにんじんを掘り出す

区分	科目	作物名	品種	数量	苗種
E その他	ヒガンバナ科	ニンニク		15	既植
	バラ科	イチゴ		3	既植
	キジカクシ科	アスパラガス			既植
D 果菜類		落花生		3	苗
		紫花豆		6	種
		白花豆		10	種
		枝豆		30	種
	マメ科	いんげん	ツルあり	8	種
C 葉菜類			グリーンレタス	10	苗
			サニーレタス	10	苗
	キク科	レタス	玉レタス	10	苗
			夏植え	30	種
	ヒユ科	ほうれん草	春植え	30	種
		にら			自生
	ヒガンバナ科	長ねぎ		20	苗
			夏植え	30	種
		小松菜	春植え	30	種
			夏植え	5	種
	アブラナ科	キャベツ	春植え	5	苗
果菜類	イネ科	とうもろこし		16	苗
葉菜類	ヒガンバナ科	玉ねぎ		150	苗
		ヤーコン		3	苗
	キク科	ごぼう	うまいごぼう（ミニ）	10	種
			キャンディストライプ	20	種
	ヒユ科	ビーツ	サフランイエロー	20	種
			ミニ人参	50	種
	セリ科	にんじん	札幌太	30	種
			（秋まき）赤かぶ	30	種
		かぶ	（春まき）中かぶ	30	種
		大根	（秋まき）秋大根	30	種

6月10日　AM 5：21

7月4日　PM 1：34

6月7日　AM 3：54

耕す、作る、いただく日々

――あとがきに代えて

はじめはよくわからずにやっていた畑仕事。見るに見かねたのか、まわりの方々が畑を耕すのを手伝ってくれたり、「これ余った苗だけど育ててみる？」とわけてくださったり。「ズッキーニはちゃんと受粉させないと実にならないよ」などなど、贅沢にもプロの農家の方々から直々にたくさんの教えをいただき、少しずつ形になってきました。

「せっかく野菜を育てているんだから、その野菜を使った料理のレシピをまとめてみようよ」

こうして始まった今回の本では、料理だけでなく、野菜の栽培過程も記録しようということになり、あらためて野菜を一通り栽培することになりました。

仕事や家事・育児の傍ら、時間のあるときに趣味でやっているまだまだ発展途上の畑ですが、野菜の栽培、収穫と畑づくりの楽しさが少しでも伝われば幸いです。そして作った野菜は、畑に感謝しておいしく「いただきます」。

保苅徹也

8月26日　PM 1：27

8月25日　PM 0：38

8月15日　AM 10：13

11月24日　AM 11：13

10月2日　PM 0：59

9月21日　AM 6：36

6月25日　AM 6：47
6月19日　AM 6：42
6月14日　PM 0：42
8月14日　AM 5：11
7月22日　AM 6：20
7月6日　AM 5：08

春、夏、秋、冬、季節ごとの野菜で毎年のように作り、食べ続けている料理があります。いただく度に季節の巡りを感じられることは、とても幸せなことだと思います。

主に夫が野菜を育て、写真を撮る。私は野菜を収穫して、料理を作る。素材から自分たちで作る料理の本。毎日のように畑や天気、作物の育ち具合を見ながら、お互いのスケジュールを合わせ、撮影を行いました。

なかなかハードな日々でしたが、私たちを支えてくださった多くの方々のおかげでこの本が出来上がりました。本当に感謝の気持ちでいっぱいです。この本をきっかけに、野菜が好きな人もそうでない人も、野菜をもっと好きになってもらえたら、こんなにうれしいことはありません。

野菜づくりも野菜料理もまだまだ奥が深いですが、これからも楽しみながら菜園生活を続けていけたらと思っています。

範國有紀

1月1日　AM 7：11
9月7日　AM 6：12
12月3日　AM 10：26

［著者略歴］

範國有紀（のりくに・ゆき）

名寄市生まれ。藤女子短期大学食物栄養科、服部栄養専門学校卒。料理研究家、フードコーディネーターとして書籍や広告、雑誌などでレシピやコーディネートを提案。著書に『やっぱりごはんでしょ　北海道のお米のレシピ』（北海道新聞社）がある。2015年、結婚を機に、夫とともに札幌市から江別市篠津の農村地域に移り住む。

保苅徹也（ほかり・てつや）

1973年根室市生まれ、札幌育ち。フォトグラファー。スタジオやカメラマンのアシスタントを経てフリー。農的生活に興味を持ち、札幌市の市民農業講座「さっぽろ農学校専修コース」を受講後、妻とともに江別市の自宅菜園で畑を耕し生活。農業と食に関わる取材・撮影を続けている。

編集／仮屋志郎（北海道新聞社）

編集協力／石田美恵

ブックデザイン／若井理恵

北海道　菜園レシピ

2023年5月31日　初版第１刷発行

著　者　範國有紀
　　　　保苅徹也
発行者　近藤　浩
発行所　北海道新聞社
　　　　〒060-8711 札幌市中央区大通西3丁目6
　　　　出版センター（編集）電話011-210-5742
　　　　　　　　　　（営業）電話011-210-5744
印刷・製本　株式会社アイワード

乱丁・落丁本は出版センター（営業）にご連絡くださればお取り換えいたします。
ISBN978-4-86721-099-4